史可法

嗨！有趣的故事

Hi! Story

胡輝

中華教育

【出版說明】

在文字出現以前，知識的傳遞方式主要就是語言，靠口耳相傳的方式記錄歷史與情感表達。人類的生活經歷、生命情感也依靠著「說故事」來「記錄」。是即人們口中常說的「傳說時代」。然而文字的出現讓「故事」不僅能夠分享，還能記錄，還能更好、更廣泛地保留、積累和傳承。

《史記》「紀傳體」這個體裁的出現，讓「信史」有了依託，讓「故事」有了新的準則：文詞精鍊，詞彙豐富，語言精切淺白；豐富的思想內容，不虛美、不隱惡。選擇人物一生中最有典型意義的事件，來突出人物的性格特徵，以對事件的細節描寫烘托人物的情感表現，用符合人物身分的語言，表現人物的神情態度、愛好取捨。生動、雋永而又情味盎然。

「故事」中的人物和事件，從來就是人類的「熱門話題」。她是茶餘飯後的趣味談資，是小說家的鮮活素材，是政治學、人類學、社會學等取之無盡、用之不竭的研究依據和事實佐證。

中國歷史上下五千年，人物眾多，事件繁複，神話傳說與歷史事實並存，正史與野史交錯互映，頭緒繁多，內容龐雜，可謂浩如煙海、精彩紛呈，展現了中華文化的源遠流長與博大精深。讓「故事」的題材取之不盡，用之不竭。而其深厚的文化底蘊如何呈現，怎樣傳承，使之重光，無疑成為《嗨！有趣的故事》出版的緣起與意趣。

《嗨！有趣的故事》秉持典籍史料所承載的歷史精神，力圖反映歷史的精彩與真實。深入淺出的文字使「故事」更為生動，更為循循善誘、發人深思。

《嗨！有趣的故事》以蘊含了或高亢激昂或哀婉悲痛的歷史現場，以對古往今來無數先賢英烈的思想、事蹟和他們事業成就的鮮活呈現，於協助讀者不斷豐富歷史視域和深度思考的同時，不斷獲得人生啟迪和現實思考、並從中汲取力量，豐富精神世界，在實現自我人生價值和彰顯時代精神的大道上，毅勇精進，不斷提升。

【導讀】

明思宗崇禎十七年（清順治元年，一六四四年）年是風雲突變、王旗迭換的一年。這年三月十九日，李自成攻陷北京，明崇禎皇帝自縊，享國二百七十六年的明王朝覆亡。不甘亡國的朱氏子孫不久在南京重建朝廷，史稱南明。其時，身為南京首臣的兵部尚書史可法由此站在了歷史的前臺。

史可法生於明神宗萬曆二十九年（一六〇一年），字憲之，又字道鄰，開封祥符人，年輕時師從東林六君子之一的左光斗，於崇禎十六年（一六四三年）官拜南京兵部尚書、參贊機務，躍為南京首臣。其為官十八年中的最耀眼事蹟，集中在崇禎十七年（順治元年，一六四四年）四月至清世祖順治二年（一六四五年）四月這短短一年當中。這一年發生了許多重大事件，如福王登基、設立四鎮、李自成被清軍擊敗、左良玉內訌、揚州十日等。

史可法為官清廉，在晚明貪腐成風的官場上，他的個人品格堪稱一枝獨秀，尤其是愛兵如子、「士不飽不先食，未授衣不先禦」的品格，使他贏得了官兵愛戴。然而可惜的是，因福王登基之前，史可法有過立桂王監國的想法，從而遭到弘光朝廷的排擠。而更難逆轉的困境則是，他前往揚州所督師的四鎮均自恃擁福王登基的「定策之功」而跋扈自雄，尾大不掉的割據勢力造成史可法軍令難行的被動局面。因此史可法渡江一年，始終無法北上收復失地，被迫將時間和精力消耗在調停各鎮間的利益紛爭之上。值得一提的是，史可法的大義孤忠贏得了最為桀驁不馴的四鎮總兵之一高傑的支援，然而高傑的旋即死難又直接導致史可法的北伐雄心化為泡影。就此而言，史可法正是那天崩地解的時代裏，最具悲劇色彩的人物之一。

在中國歷史上，史可法的被俘就義、寧死不屈堪比南宋末年的文天祥，從立朝開始就腐敗不堪的弘光朝未必值得效忠，但在民族大義面前，史可法表現出的忠勇剛烈、捨生忘死的精神，將永載史冊，令後人仰望。

目錄

渡江勤王

一

大雨已經下了三天三夜，南京兵部尚書府內一片寂靜，並非府中無人，而是所有人都被彌漫的焦慮氣氛壓抑得不敢大聲說話，也不敢疾步而行。

這日午後，身軀精悍、臉色黝黑的南京兵部尚書、參贊機務史可法從內堂緩步踱到門前，抬頭看著大雨，緩緩搖頭，一聲長嘆後，嘴裏喃喃說道：「這雨為什麼還不停？」

他左手成拳，不自覺用力一握。

大雨仍舊瓢潑，庭院內的幾株高樹被暴雨擊打得枝葉亂搖。

一名軍士從外面急步走到史可法面前，躬身說道：「稟報大人，史德威將軍求見。」

史可法臉上的憂急之色未去，回道：「傳他進來。」

片刻後，頂盔貫甲的史德威冒雨過來。他走到史可法身邊，拱手說道：「尚書大人，末將前來覆命。」

史可法側頭凝視對方，面帶沉思，緩緩說道：「德威，今日初幾？」

史德威仍是拱手，說道：「回稟大人，今日四月初六。」

史可法眉頭微皺，聲音略略提高：「今日初幾了？」

史德威一怔，隨即說道：「回稟大人，今日乃大明崇禎十七年四月初六。」

史可法又一次抬眼望天，喃喃說道：「十七年，十七年！」說罷長聲一嘆。

史德威見史可法心事湧動，猶豫了一下，說道：「兵部五日前發出檄文，如今奉命集結的只有五千軍士。」

「只有五千？」史可法雙眼圓睜，眉頭緊皺，抬頭問道：「檄文可曾全部送到各鎮？」

「檄文早已發出，應命而來的……到今日方只五千人馬。」史德威回道。

史可法從胸中憤然吐出一口長氣，搖頭說道：「聖上勤王詔書乃二月所發，那時李自成便已造船三千，兵渡黃河，直指京師。今日已是四月初六，竟然只到五千人馬？」

他抬頭凝視史德威，補充說道：「武昌那邊來了多少？」

史德威猶豫一下，聲音低了下來：「寧南伯麾下，無一人前來。」

史可法怒聲說道：「當年川陝之戰，楊嗣昌大人九檄左良玉，他置之不理，如今擁兵武昌，驕亢自恣。他不把我這個兵部尚書放在眼裏也就罷了，現京城無半點消息，如此勢局，他居然還不接令勤王？」

史德威見史可法大動肝火，默然片刻，說道：「大人，我們今日該當如何？」

「今日如何？」史可法抬眼看著屋外大雨，沉聲說道：「傳我將令，大軍明日渡江，誰也不再等了。」

二

翌日，史可法冒雨在校場閱兵之後，傳令大軍渡江北上。

見雨勢不減，輜重難行，史可法下令紮下營寨，欲先休整軍力。不料一連數日，風雨始終不息。

這日史德威檢查完各營之後，進入中軍大帳。史可法正與應廷吉、王秀楚、汪思誠等幾名文武商議，見史德威臉上滿是憂慮之色，便問道：「德威，何事憂慮？」

史德威看看帳內諸人，拱手嘆道：「史大人，末將剛去巡營，我軍士氣不振。如今李自成手下即使沒有百萬大軍，也有數十萬，我們這五千人馬……」

說到這裏，史德威停住了，他的意思再明顯不過，眼下這士氣低迷的五千人，如何是李自成大軍的對手？

史可法聞言，神情不變，沉聲說道：「謀事在人，成事在天。如今京城消息全無，社稷堪危，為人臣者，盡忠竭力便無愧於心了。」他側頭看著幕僚應廷吉，說道：「繼續說下去。」

應廷吉手撚鬍鬚，嘆息說道：「甲申乃閏，尚未入夏，不應有如此連日暴雨。適才從卦象來看，京城已凶多吉少。」

史可法素來信任應廷吉的天文術數，此刻聽他說出「凶多吉少」四字，不禁臉色大變。他背手來回踱步，聽得外面雨聲陣陣，嘴裏喃喃自語道：「難道果真天不佑大明了？」他隨即又走到史德威面前，提聲說道：「傳令，各營做好出發準備，雨雖不停，大軍不能停！」

見史可法說得堅決，史德威雙手一拱，應聲「得令」，轉身出帳。

史德威剛走片刻，帳外一匹快馬迅疾衝到帳前方定。進來的是史可法麾下大將，兩月前晉升都督同知，提督南京大教場的劉肇基。

史可法見劉肇基面有喜色，精神微振。果然，劉肇基匆匆進帳便拱手說道：「大人，末將剛從南下流民中得到消息，陛下已乘舟由海道南下，太子殿下也於小路脫身，數日內應可到崇明島。」

此言一出，史可法和眾幕僚又悲又喜。悲的是崇禎帝南下，自是北京淪陷；喜的是天子無虞，太子平安。江南地廣人多，賦稅豐厚，屆時皇上坐鎮南京，揮師北上，必可收復北方淪陷之地。

史可法想到此處，內心稍定。經過了兩個月的焦慮不安後，他心中第一次因崇禎平安的消息而湧出喜悅之情，當即命劉肇基率一隊舟師沿江先行，往崇明島候駕。接著坐於桌前，提筆去信南京詹事府詹事姜曰廣等人，告知皇上正從海道南下，擬入留都之訊。

三

第二日，暴雨驟停，史可法欣喜無比，對應廷吉說道：「昨日得聖上南狩之訊，今日便雨停日出，豈不是天意？哈哈哈！」

應廷吉也微笑說道：「待大人迎得天子，南京必然沸騰，大人之功，便是首位啊。」

史可法搖搖頭，斂笑嘆道：「如今北方淪陷，談什麼首功？本官只想迎得天子，即刻率軍北上，收復京師！」他停一停，又繼續說道：「大軍舟船可已備好？無論如何，今日必得拔營，沿江以迎天子。」

應廷吉說道：「史德威將軍素來果斷，大人稍待，我料不出兩個時辰，大人便可上船了。」

史可法微微點頭，內心又湧起一陣苦澀，不知見到聖上，是否還是五年前見到的模樣。他緩緩搖頭，五年時間非短，大明內憂外患，又經歷這番磨難，只怕聖上容顏已是大改了。

史可法走出軍帳，見全營將士因得知崇禎南下而士氣大振，心中頗感安慰。他素來愛惜軍士，有不少人上前詢問聖上是否果真南下，史可法微笑應答，一直走到江邊。

長江上已是大船林立，數日前渡江所用的船隻已返回一大半，被暴雨沖毀的也有不少，史可法已命人修復。此刻見江中飄滿大明日月旗，一艘艘船艦整齊停靠岸邊，日映江中，喧聲鼓沸，方才的一些憂慮和忐忑漸散，恨不得大軍立刻上船，沿江東下。

巡視未畢，忽聽得一陣馬蹄聲傳來，史可法循聲望去，只見不遠處，史德威正率數騎奔來。史可法看得分明，史德威滿臉是汗，神情頹喪，若非大事，自己這員副將絕不至如此模樣，內心不禁陡然一沉。

史德威到得近前，翻身下馬，單膝跪地，竟是眼中滾淚，喊道：「大人！不好了！」

史可法臉色一變，說道：「何事驚慌？！」

史德威站起身來，揮手對身後人說道：「帶魏大學士。」

此刻身邊軍士頗多，很自然地讓出一條通道，史可法尚未反應過來「魏大學士」是誰，就見史德威身後的兩名軍士已一左一右，架著一蓬頭垢面之人過來。那人一見史可法，雙膝跪倒，號啕喊道：「尚書大人！」一言未畢，已痛聲大哭。

史可法細細一看，驚道：「你是……是魏照乘魏大人？」

那人哭道：「在下正是魏照乘，尚書大人，陛下、陛下他……」

魏照乘擔任過東閣大學士，後被彈劾去位，史可法在京城時與其雖有交往，卻是不多。他從京城而來，自是比流民更知京師真相。

史可法當即上前一步，說道：「陛下現在如何了？」

魏照乘流淚不止，繼續哭道：「京城已破，陛下賓天了！」

史可法猝聞噩耗，「啊」地一聲長呼，雙臂提起魏照乘，喝道：「你說什麼！陛下不是已由海道南下了嗎？你，你，你敢胡說八道！」

魏照乘繼續哭道：「尚書大人，我從京城徒步月餘，就是想趕來報訊，三月十八日賊兵破城，十九日陛下煤山自盡，殿下及永王、定王都被賊兵俘擄了……」他說不下去，再次嗬出聲。

史可法如聞霹靂，渾身發抖，雙眼淚水竟不知何時湧出。旁邊史德威、應廷吉及數百軍士俱是一言不發，望著史可法。片刻前還一片喧譁的江邊，只見史可法驚聞噩耗，萬念俱灰。耳邊唯有魏炤乘的哭聲，所有人都屏住了呼吸。

史可法艱難轉身，一步步挪向江中大船。誰也不敢跟著史可法前行，所有目光看著史可法緩步登上船隻，又慢慢轉身。

史可法面朝北方，雙膝下跪，三叩之後，驀然仰天大喊一聲：「陛下！臣發兵遲了！」說罷，只見史可法站起身來，對著船上大柱一頭撞去。鮮血四溢。

史德威等人一陣驚呼，奔向船隻……

舉棋不定

一

一聲呻吟後，史可法睜開了眼睛，只覺頭痛欲裂。眼前恍恍惚惚的人臉逐漸清晰起來。

史德威急聲喊道：「大人！大人醒來了！」

應廷吉、王秀楚、劉肇基、汪思誠等人此時都圍在床邊。史可法看得清楚，這些跟隨自己多年的文官武將，個個臉上涕淚未乾。

史可法掙扎了一下，摸摸頭上痛處，看向眾人，低聲問道：「魏大學士呢？讓他進來。」

史德威低聲說道：「大人自己保重，魏大學士長途勞累，透支過度已經去了。」

史可法眼中淚水滾動，雙手握拳，痛聲說道：「你們為什麼要救我？能追隨聖上而去，我也算是死得其所了。」

應廷吉緩聲說道：「大人此言差矣，如今聖上賓天，天下無主，大人乃南京首臣，下一步該當如何，諸位大人都翹首以望，大人若尋短見，不是追隨天子，是辜負天子啊！」

史可法聞言，猝然一驚，立刻翻身而起。

眾人大驚，史德威說道：「大人流血甚多，且休養數日。」

史可法掃視了一眼眾人，目光落在應廷吉身上，對他說道：「廷吉之言甚是！如今天下無主，萬民塗炭，本官若追陛下而去，不過一了百了，而大明百姓又該當如何？豈能因這區區傷口，耽誤天下大事！」說罷再次翻身，傳令升帳。

軍中文官也好，武將也罷，見帳中端坐的史可法頭部血跡殷然，都不禁惻然。

史可法連聲下令，第一是為崇禎皇帝發喪，第二是立刻趕製白旗，全軍白綾繫腰，以為縞素，第三是即刻派人往南京報訊。

看著眾人出帳後，史可法禁不住雙眼再次流淚，喃喃說道：「陛下、陛下，臣定當揮師，收復北方！」

二

五千軍士，個個腰纏白綾，軍中大旗俱白。史可法再次閱兵之後，留汪思誠在浦口治軍，自己則帶領應廷吉等文武官員及一支親兵返回南京，而南京城內早已哀聲遍處。留守南京的戶部尚書高弘圖、兵部侍郎呂大器、右都御史張慎言、詹事府詹事姜曰廣等重臣都身穿喪服，出郊迎接史可法。幾位大臣相見，又是一番痛哭。

祭奠完崇禎皇帝祭奠後，高弘圖走到史可法身邊，低聲說道：「史大人剛回南京，甚是疲倦，原不敢相邀，但眼下之事太過緊急，可否往寒舍一聚？」史可法見高弘圖神情甚殷，點頭應允。

到了高弘圖府中之後，呂大器、張慎言、姜曰廣已在府中等候。三人見史可法進來，起身施禮。史可法心知高弘圖有大事相議，說道：「剛剛與眾位大人分開，又來此處相見，所為何事？」

呂大器身為兵部侍郎，素與史可法親近，當下便拱手先道：「眼下實為天下要事，需請尚書大人定奪才好。」

「哦？」史可法看看眾人，眼光落到呂大器身上，問道：「呂侍郎直言無妨。」

呂大器臉色端凝，說道：「史尚書，如今聖上賓天，賊兵勢大，國不可一日無君，眼下首要之事便是立下新君，不知大人可有所想？」

史可法聞言，伸手撚撚鬍鬚，說道：「從浦口回南京的路上，本官就在細思此事。」他抬頭掃視眾人，說道：「諸位大人有何策議？」

高弘圖開口說道：「尚書大人，立新君，復失地，需立刻著手。新君早立，江南便可早日安定。」

史可法點頭道：「不錯，當務之急便是早立新君。」他再看看眾人，說道：「幾位大人是否有了人選？是福王、潞王、桂王、還是惠王？」

這次開口說話的是詹事府詹事姜曰廣：「史大人，下官覺得當立潞王為宜。」

史可法眉毛微動，緩緩說道：「潞王乃先帝神宗之姪，若以倫序而言，當立神宗之孫福王方可，不知幾位大人為何捨孫立姪？」

右都御史張慎言拱手說道：「尚書大人，如今京城失守，天下震盪，立誰為君關乎海內萬民。下官直言，史大人勿怪。」

史可法搖手說道：「事關天下，正需直言。」

張慎言傾身靠近史可法，正色道：「尚書大人明鑑，福王雖親，卻是不賢，潞王雖疏，卻是賢名在野。以今日危勢，應立賢為上，立親為下，否則朝廷動亂，江南豈不危哉？」

史可法皺眉沉思，四人所言，句句在理，在他內心也覺得張慎言話雖不多，卻是說中要害。如今崇禎皇帝自盡，北方被李自成控制，江南人心惶恐，極懼李自成揮師南下。有此情形，不論「立親」還是「立賢」，確需當機立斷。身為南京首臣，史可法深知自己的決定關乎江南半壁江山能否撐起危局之事。

史可法緩緩點頭，又沉思片刻，對四人說道：「此事甚大，容本官仔細想想。」

高弘圖拱手說道：「我們就等尚書大人的決定了。」

三

當夜，史可法在書房踱步思索，高弘圖、呂大器、張慎言等人所言，與史可法內心所想頗為吻合。潞王朱常淓乃神宗之姪，在國家危難時曾挺身而出，對於繪畫、音律、書法等方面亦有頗高造詣，素有謙和之名，若為新君，頗能獲得民心。此時崇禎死訊已然傳遍江南，呂大器說得不錯，「國不可一日無君」，尤其北方淪陷，南方更應速立新君，安定天下。況且高弘圖等人不僅同為南都重臣，還有一致的東林黨人身分。史可法之師左光斗也是東林黨重要成員，史可法對東林黨人素來敬重，是以高弘圖等人所議，頗合史可法內心所想。另外，人在常熟的禮部侍郎錢謙益名滿天下，在東林黨中被視為不二黨魁，高弘圖等人今日所議，未嘗不是出自錢謙益授意。

但若依靠東林黨，一意孤行立潞王監國，朝中其他大臣會如何以為呢？

桌上油燈閃爍，史可法看向案上堆放的厚厚文牒，這些都是自己渡江之後，南京及各地官員所呈。他走到桌前，順手拿起最上一封文牒。

該文是淮安巡撫路振飛所呈，史可法打開一看，心內一驚。原來早在自己渡江翌日，淮安便已收到北京失守的訊息，路振飛文牒中直言崇禎若崩，則「倫序當在福王，宜早定社稷主」。史可法眉頭皺起，再看下面文牒，是給事中李清、章正宸等人所上，均言當以倫序為先，立福王監國，人心方定。此外，鳳陽總督馬士英也有文牒，力主福王為監國。

史可法將文書放下，長聲一嘆。他白日沒有即刻答應高弘圖等人立潞王之議，便是心中有所顧慮，幾位藩王當中，立福王才是依序從倫，潞王即使再有賢名，輩分卻比崇禎皇帝還大上一輩。崇禎三子皆淪於李自成之手，若有一人在此，立為新君，自無異議，偏偏他們生死未卜，江南如不早定天位，南都便無朝廷，無朝廷便無可號令天下。

按神宗嫡支而言，立福王自是順理成章，偏生朝中重臣無一人贊成。史可法也不無顧忌，畢竟福王之父朱常洵就藩為王，便是當年東林黨人以倫序之由，反對立其為太子，神宗才被迫傳位光宗。如今承襲福王爵位的朱由崧若被立為監國，只怕對朝中東林黨極為不利。高弘圖等人雖未明言，史可法對此倒是看得一清二楚。不錯，史可法身為左光斗弟子，也有不欲立福王的心思，但若違反倫序，立下潞王，又恐朝野未穩之餘，再添一番震盪。

想到此處，史可法不禁左右為難。雙方勢力都不小，各有各的道理，史可法走到窗前，推窗望遠，天空星月全無，他要的答案隱藏在無邊無際的黑暗當中。史可法沉吟良久，心中忽然另有一想，如在南京下不了決心，地方官員會是如何？而兵部四月初一往各鎮發出檄文，五日內竟然只到五千軍士，說明各鎮對軍令已在抗拒。若立下監國，豈可不發兵北上？到時各鎮依舊不從軍令，結果會是如何？

種種問題交織，史可法心中忽然一動，在剛才所見文牒中，節制三路總兵的鳳陽總督馬士英的名字浮了上來。

浦口密約

一

第二日，史可法坐於府中，將連日來的各部文書逐函細讀，他每看一封，都不由眉頭微皺，陷入沉思。

午後，兵部侍郎呂大器再次登門，他雙手遞過一封文書，說道：「尚書大人，此乃高大人、姜大人和張大人聯名所呈。」

史可法輕聲一嘆，接過文書，展開覽閱。不出意料，果然是高弘圖等人再次聯名舉潞王朱常淓為監國，另寫有福王不可立的七條理由，乃是「貪、淫、酗酒、不孝、虐下、不讀書、干預有司」。

史可法闔上文書，抬頭凝視呂大器，說道：「朝中諸位大人都覺福王不可立，可若立下潞王，也有不少大人非議，真乃萬難之事啊。」

呂大器拱手說道：「尚書大人有何決定？」

史可法站起身來，背手踱步，忽然站定，派人傳史德威來見。過得半炷香工夫，史德威走進史可法房間，施禮說道：「大人召見，有何指示？」

史可法將桌上一封封好的信函拿起，遞給史德威說道：「德威，此乃我剛寫密函，你速備快馬前往鳳陽。記住，此函關係重大，你得親手交與馬士英。我兩日後動身，前往浦口。」

史德威應道：「末將遵令」，伸手接過信函接過，抬頭見史可法神情憂慮，忍不住問道：「大人去浦口……」

史可法眉頭微皺，說道：「馬士英大人見函會與你同往浦口，我需與馬大人面議。快去吧。」

史德威再次說聲「遵令」，將信函收入懷中，轉身離開。

史可法看著史德威走出，仍是眉頭緊皺，嘴裏喃喃一句「鳳陽，太祖之地……」

二

史可法第二次到達浦口，十餘日前，他率領五千兵士準備北上勤王，此刻卻只帶十餘名親兵。當地官署見官居首位的兵部尚書親臨，急忙迎接。史可法囑咐不可聲張，又命若是馬士英到來，即刻讓他來見。

再等一日，鳳陽總督馬士英應約而來。史可法命馬士英隨從及陪同而來的史德威門外候命，房內只剩史可法和馬士英兩人。

馬士英乃地方官僚，哪裏料到高居兵部尚書之位的南京首臣史可法會親自來函相召，驚喜赴約，待史可法先行落坐後，才在下首落坐。

史可法雙目炯炯凝視馬士英，緩緩說道：「馬大人，時間緊迫，本官就開門見山了。史德威將軍帶去的信函，馬大人可看過了？」

馬士英立即起身，躬身說道：「尚書大人信函，下官已字字拜讀。」

史可法抬手說道：「不必拘禮，馬大人且坐。」

看著馬士英坐下，史可法才又接著說道：「如今南京重臣欲立潞王監國，可依倫序，當立福王。馬大人乃地方重臣，不知作何想法？」

馬士英又欲起身，身子一動，還是繼續坐在椅上，拱手說道：「史大人，下官拜讀大人之信，所言福王有七不可立，下官與大人同樣看法。只是這潞王……下官……」

史可法見他猶豫，緩緩說道：「馬大人不妨直言。」

馬士英眉頭一皺，說道：「下官淺見，潞王……也不可立。」

史可法神色如常，聲音始終緩慢，「潞王如何不可立？」

馬士英此刻漸漸大膽，說道：「史大人，若立潞王，不僅是捨孫立姪，更是捨親立疏。大人請想，潞王乃穆宗之孫，福王乃神宗之孫。神宗在位四十八年，德繫人心，立神宗之後，自會順應民心。高大人他們雖想立潞王，其他大臣未必如此，南都若不同心協力，如何能收復北方？」

史可法撚撚鬍鬚，緩緩說道：「馬大人覺得福王不可立，潞王不可立，那同為神宗之後的……桂王如何？」

馬士英眼珠飛快地瞟了一眼史可法，見後者神情雖是沒變，但這句話說出時卻微微抖顫，當下雙眉一聚，低聲說道：「尚書大人之意，桂王與福王都乃神宗嫡支，如今福王有七不可立，桂王卻是沒有。若立桂王，下官以為不失為折中之策。高大人他們沒什麼倫序可作挑剔，其他想立福王的大臣，也不會覺得桂王乃疏。下官以為……」他又抬頭看一眼史可法，輕聲續道：「可取。」

史可法臉色柔和，緩緩點頭，說出八個字，「以親以賢，惟桂乃可。」

馬士英拱手道：「尚書大人高見。」

史可法臉上微笑，站了起來，馬士英也趕緊跟著站起。史可法走到窗前，推開窗子，外面是浩蕩滁河，緩緩東流。史可法凝視片刻，轉身說道：「馬大人，今日所議，不可透露。本官即馳書南京，命禮部準備乘輿法物，前往廣西，迎桂王來京。監國一立，馬大人功勞不小。」

馬士英躬身說道：「全賴尚書大人主持。」

史可法眉峰微立，說道：「待桂王抵京，便是立監國之日。本官欲儘快揮師北上，收復失地，馬大人部下總兵可駐紮待命。」

馬士英聞言，頓時明白史可法為何屈尊來浦口與自己見面了。說到底，無非是兵部尚書看中自己手下幾位總兵軍力，不過對馬士英來說，這倒是更為振奮，若自己能因此得到史可法全盤信任，又有擁立之功在手，何愁不一步登天，入南京為官？當下懇聲說道：「尚書大人之命，下官自當遵從。」

直到此刻，史可法心中方定，說道：「既然如此，就請馬大人速回鳳陽，整頓軍馬。本官且先在此治軍，候廣西之音。」

馬士英躬身拱手，「下官遵命。」他一邊說，一邊忍不住微笑起來。

風雲突變

一

有了馬士英的明確支持，史可法懸了數日的心終感踏實，再次馳書南京，其手書所寫，便是提議立桂王為監國，同時命禮部派人入廣西迎接桂王。

王朝在北方淪陷，仍在南方得以賡續，這種情況在歷史上不只一次發生，當年司馬睿南渡，於建業（今江蘇南京）建立東晉，是為一例；大宋北方淪陷，康王趙構於應天府（今河南商丘）開創南宋，又是一例，如今輪到大明王朝在南方延祚，似是天意輪迴。

讓史可法放心的是，和司馬睿、趙構相比，將要登上監國之位的桂王朱常瀛有絕大優勢。彼時的司馬睿和趙構都如喪家之犬般逃至南方，在手忙腳亂中倉促登位，如今南京六部如常，江南雖人心惶惶，但只要監國一立，朝廷就會比東晉、南宋更快地進入正常運轉之中。

如史可法所料，高弘圖等人接到史可法手書之後，都認為桂王可立。史可法不在南京，高弘圖便對姜曰廣等人說道：「史大人命我們即刻著禮部準備乘輿，往廣西迎駕。」姜曰廣點頭說道：「盼桂王早來，朝廷便可籌餉整軍，北上擊賊了。」

幾人談得興奮，均有大明將起死回生之感，不料僅過一日，禮部尚未準備完畢，一太監來到高弘圖府上，說道：「高大人，韓公公召見，命六部群臣齊往內守備府議事。」

太監所說的「韓公公」是南京守備太監韓贊周，而所謂內守備府，便是韓贊周府邸。大明一朝，南京六部與北京六部形成對應，不同的是，北京六部乃名副其實的中央權力機構，而南京六部官員的地位雖不低於北京，卻無一部一人能參與決策，只有北都不存，南京六部才可正式行使中央權力。南京首臣即兵部尚書，而就明朝制度而言，南京守備太監的實權不亞於兵部尚書，所以高弘圖得知守備太監韓贊周召六部群臣入府時，不免詫異，尤其在接到史可法來信，並與六部議定立桂王監國的關鍵時刻，守備太監相召，決不會與此事無關。

高弘圖心中湧上不祥之兆，隨即又想，史可法欲立桂王之意，既能手書告知六部，也必然告知了韓贊周。在他眼裏，若六部大臣都同意桂王監國，韓贊周未必會提出異議，更何況韓贊周素來忠心明室，應不會節外生枝。

高弘圖雖有此想，但韓贊周召六部群臣前往內守備府群議，實乃南京史無前例之事，所以高弘圖出門上轎之後，內心仍是烏雲密佈。

二

而這烏雲終究帶來了最壞的結果，高弘圖無論如何也想不到，待六部群臣進入內守備府後，韓贊周未加多言，只命人將手中一封書信傳閱諸人，信函執筆人正是鳳陽總督馬士英。

來信簡明扼要，馬士英以鳳陽總督名義，聯合部下高傑、黃得功、劉良佐三位總兵，護送福王朱由崧到達儀真（今江蘇儀徵），宣佈擁福王為監國，並明確告知南都有人欲立潞王或桂王，為防止意外，已統兵五萬、戰船千艘，陳師江北，以隨時防備意外之變。

高弘圖看完信件，只覺眼前一陣發黑，順手將信遞給了姜曰廣。當他抬起眼時，只見韓贊周臉上漠然，如塑像般坐在椅上。高弘圖頭腦欲裂，雙耳嗡嗡直響，群臣有些什麼爭執，似乎句句在耳，又句句難以聽清。待他終於清醒過來時，只見呂大器站在室中，憤然道：「馬士英不過鳳陽總督，如何敢做如此僭越之事？我呂某決不答應！」

高弘圖聞言，木然望向呂大器。

只聽得吏部給事中李沾起身而立，冷冷答道：「不答應？呂大人，馬總督大軍在前，此事若有異議，只怕便是不歸之路！」

呂大器怒道：「何謂不歸之路？」

此時張慎言已然起身，揮手止住爭論，說道：「諸位大人無須再議。依我來看，福王監國，乃是不可更弦之事。」他看向高弘圖，緩聲說道：「高大人意下如何？」

高弘圖吶吶道：「不知史大人可知此事？」

這時韓贊周慢慢起身，手中拂塵一抖，冷冷掃視室內眾人。所有議論聲都不由停止，只聽韓贊周慢慢說道：「咱家只有一言，福王也好，潞王也好，桂王也好，都是太祖血脈相傳。如今鳳陽總督已護送福王至儀真，咱家將親往浦口迎王，諸位大人也與咱家一併而行吧。今福王乃神宗之孫，倫序當立。只待江南有主，君臣便可齊心協力，若還三心二意，如何對得起先帝？」

韓贊周此言一出，室內一片寂靜。

高弘圖看著韓贊周，後者的眼光漠然，繼續說道：「福王數日內將至浦口，不如高大人派人先行告知史大人，可別再出什麼亂子才好。」

三

幾天後，四月二十九日上午，南京城外燕子磯頭，驚濤拍岸，浪潮如雪，岸上旌旗林立，不計其數的官紳百姓在岸邊翹首以待。

遠見數艘大船順江而下，每艘大船都安置數十面大鼓，江上萬鼓齊鳴，實有驚天動地之威。一條條大船靠岸，從最龐大的一條船上，萬眾期待的福王終於現身了。

「福王監國！福王監國！」岸邊萬人伏地，同聲吶喊。

有人忍不住抬頭去看，只見船頭站立之人身形甚偉，頭戴角巾，布袍葛履，手搖一把白竹扇，隨手揮動，隱有名士隴畝之風，不禁俱生好感。同時也有人看見，在福王身邊侍立的正是南京兵部尚書、參贊機務史可法。

福王並未登岸，一條巨大的舫板從船側搭到岸上。

早在等候的南京各部官員列隊而上，於船頭拜見福王。沒資格上船的官員和民眾都看得清楚，福王似乎不欲上岸，只在船頭與登船官員說了幾句，然後就退入船艙。

史可法面無表情，顯是萬般無奈。數日前，他已得知馬士英為何突毀密議。原來馬士英從浦口回到鳳陽之後，發現鳳陽守備太監盧九德已與總兵高傑、黃得功、劉良佐三人議定，支持福王監國。

盧九德曾在北京侍候過老福王朱常洵，與福王一家有著緊密的關係。當朱由崧得知南都擬立監國，爭議頗大，他不甘心敗於潞王之手，便急速派人聯繫上盧九德。後者自然希望福王登位，當即趁馬士英離開鳳陽時，與三總兵密議。對總兵高傑等人來說，他們不過是李自成手下敗將，一路南竄，自知有罪無功，擔心史可法追究兵敗之責，只有立下萬載難逢的「擁立定策之功」才能有出路，當下一拍即合，決定以武力支持福王登位。

見手下總兵已投向福王，馬士英心知若遵守與史可法的議定方案，自己得到的唯一結果就是被排除在權力中心之外。現有高傑等人的兵力支持，福王監國勢成定局，他自不肯放過取悅朱由崧的千載良機，當即與盧九德、高傑、黃得功、劉良佐等人在鳳陽皇陵前起誓擁戴福王。事情的發展也確實如此，趁北方大亂之際，手無兵權的南京諸大臣只得被迫屈服。

在船上待得兩日，福王終於在五月一日登岸，史可法等六部大臣相陪。福王先在三山門外拜謁孝陵、奉先殿，然後由朝陽門進入南京。

當日，群臣朝中叩拜，商議南都下一步是戰是守。史可法定下心神，向福王直接陳述現下應出師北上，為先帝報仇。福王聞言卻是一聲不吭，諸臣見福王神情疲憊，匆匆散朝，福王則往韓贊周的內守備府暫住。

史可法憂形於色，回府後進入書房，一盞油燈，竟是終夜不熄。

福王登基

一

天濛濛亮了，史可法在書房中終於想要起身，門外忽然傳來敲門聲。

史可法艱難說聲「進來」之後，房門一開，進來的竟然是母親尹氏。史可法立即起身，躬身說道：「兒子還未及請安，母親如何這般早？」

尹氏對攙扶自己的丫鬟說聲：「妳先到外面等候。」待丫鬟應聲出房，順手關上門後，尹氏凝望兒子，說道：「兒啊，一夜沒睡嗎？」

史可法一聲長嘆，扶尹氏坐下後問道：「母親有何吩咐？」

尹氏坐在椅上，眼神不無憐愛地看著史可法，慢慢說道：「為朝廷之事，你夙夜操勞，聽說如今福王將要監國？」

史可法在母親身前站立，說道：「正是。」

尹氏凝視史可法良久，方慢慢說道：「不知我兒為何憂慮到整夜不睡，但不論因為何事，你必須知道，如今南都將有監國，便是江南有了指望，大明江山有了指望。」

史可法垂手說道：「兒子知道。」

尹氏站起來，慢步到史可法桌前，看著桌上厚厚的文牒，伸手撫摸，繼續說道：「我知你所想甚多，見你臉上頗有悔恨之色。我不懂朝廷之事，也不想問你為什麼，可有一件事，我從未與你說過，此刻想與你說說。」

史可法見母親看向自己的眼神明亮，不覺道：「母親請說。」

尹氏臉上閃現微笑，又很快隱去，慢聲說道：「當年老身懷你之時，夢見南宋忠臣文天祥入舍。文丞相孤忠大節，扶顛持危，最後捨生取義，千古流芳。兒啊，如今我大明社稷傾危，老身唯願你與文丞相一般，牢牢記住『大節』二字，其餘之事，無須多思，如此才可將畢生之志用於今朝。你可明白？」

史可法聞言，不由渾身一震，心頭繚繞的陰霾倏然撥開，他向母親深深彎腰行禮，說道：「母親大人教誨，兒子銘記。」說罷抬起頭來，臉上的疲倦與憂患已全然皆無。

二

雖然一夜未睡，來到宮中的史可法卻是精神煥發。群臣也先後而來，眾人見到首臣，均上前施禮。史可法一一回禮，幾句客套話間，總覺今日群臣模樣有些古怪，隨即一想，如今福王已至，眾人頗多感觸，也是自然，自己若不是一早聽了母親一番言辭，豈不也是一副心事重重的古怪模樣？

步入朝中，群臣躬身施禮之後，史可法還未及出班，右都御史張慎言已搶先站出來說道：「下官有言，想交與朝議。」

福王正襟危坐，說道：「右都御史請講。」

張慎言看過史可法一眼，才聲音洪亮地說道：「如今天下無主，下官奏議福王，宜速登天子大位。」

史可法聞言不覺一怔，身為東林黨的張慎言一直力主潞王監國，如今福王方至便立刻建議即刻稱帝，顯是極怕福王知道自己曾有過立潞王之想。史可法內心一嘆，隨即出班說道：「從速登基，下官以為不可。如今太子殿下生死未卜，如福王登基，太子殿下若日後到了南京，該如何安排？福王今日宜領監國之位。」

誠意伯劉孔昭出班說道：「尚書大人此言差矣！下官倒是覺得張都御史言之有理。福王宜速登基，今日若定，誰敢更改？」

史可法眉頭一皺，緩緩說道：「監國乃行天子之事，暫緩數日登基，對天下有利無害。」

張慎言與劉孔昭對望一眼，正欲說話，御史祁彪佳已站出說道：「史尚書之言甚是。福王今日宜登監國，讓天下臣民先睹監國的賢德之行，自然上下同心，然後揮師北上，以示南都無私，眾將士也將用命，然後擇出吉日，再登大寶，佈告天下。」

張慎言冷冷說道：「祁御史之意，是福王無賢德登基？」

祁彪佳不由眉頭一豎，怒道：「張大人此言何意？」

張慎言尚未回答，一旁的呂大器忍不住了，站出說道：「下官贊同祁御史之言。」群臣各執一端，史可法看在眼裏不覺暗暗吃驚，尤其見原本贊成潞王監國的大臣們此刻最是贊成福王登基，內心陡然湧上一股悲涼。

一直不吭聲的福王開口說道：「諸位大人且聽本王一言。」群臣頓時無聲。

朱由崧起身說道：「本王自洛陽而出，於浙東避難，豈敢覬覦神器！再者，人生以忠孝為本，今本王大仇未報，乃是不能事君；父遭慘死，母無消息，乃是不能事親，忠孝未盡，斷無登基之理。本王倒是覺得，史尚書之言甚為有理，太子殿下生死不明，若是到了南京，自然是太子登基，本王今日只為社稷著想，便是監國之位，尚有本王三位王叔在世，還請諸位大臣擇賢而立。」

史可法當即躬身說道：「福王之言，乃順民心，只是監國之位，非福王不可。」眾大臣跟著說道：「監國之位，非福王不可。」

當日回內守備府後，朱由崧召來韓贊周，冷冷看著後者拜見後才說道：「今日史尚書在朝堂上不欲本王登基，說什麼太子殿下會來南京，那他去浦口迎接本王又是何意？」

韓贊周見朱由崧言辭不善，臉色陰沉，當即躬身說道：「依奴才來看，史大人素以國事為重，光風霽月，他考慮的或許是天下人的想法。」

「天下人的想法？」朱由崧一聲冷笑，站起身來，張開雙臂說道：「待本王登基，本王就是天下！到了那一日，再看他是如何為天下著想！」

韓贊周躬身拱手，不敢接言，心中不禁為史可法暗暗擔心。

三

第二日，即五月三日，福王領監國位。只過得十二天，經群臣三次進勸，福王於五月十五日壬寅辰時，在重建的武英殿正式登基稱帝，詔以明年為弘光元年。

又五天後的五月二十日，南京郊外，史可法與一眾大臣圍桌而飲。

史可法端起面前酒杯，朝眾人團團一揖，說道：「前日本官陛辭，今日渡江督師，朝中大事就仰賴各位大人了。本官先乾為敬！」說罷，史可法仰頭將酒一口喝乾。

高弘圖慢慢喝下半杯，嘆息道：「尚書大人今日渡江，朝中之事盡可放心，高某與眾人一定齊心協力，輔佐天子。」

姜曰廣端起酒杯走到史可法身邊，眼中閃動悲憤，說道：「史大人，如今馬大人任內閣大學士，我……」

史可法揮手打斷道：「姜大人慎言，馬閣老因功入閣，豈有他哉？天子剛剛登基，事事需賴六部，還望諸位多多保重。」然後再次起身，又端起酒杯，對眾人說道：「史某心中所盼，只是早日收復北方，使大明江山永固！」

眾人聞言，不覺齊齊起身，同聲說道：「大明江山永固！」

史可法面露微笑，再不多言，昂然走到一軍士牽住的馬匹旁，踏鐙上馬。身旁史德威、劉肇基、于永綬、李棲鳳、卜從善、金聲桓等人先後上馬相隨。史可法飛起一鞭，更不回頭。

史德威見史可法走在前面，對眾人說道：「我先追上督師。」說罷，緊抽一鞭，直追上去。其餘人素知史可法視史德威如子，覺得讓史德威先行追上也好，便扣轡緩蹄，與隨同的三百川兵步行。

史德威催馬趕上史可法，說道：「督師，末將有言。」

史可法勒住馬，回頭見餘人較遠，側頭看著史德威說道：「德威何事？」

史德威說道：「末將聽聞，馬閣老將督師寫給他的信函交與天子，其心可憎！」

史可法眉頭一皺，緩緩說道：「當日我信中言福王有七不可立，如今天子既已登位，便無須多言。我唯一所求，便是朝廷能安，北方能復。」他凝視史德威，微笑續道：「昨日之言與今日之語，都只為社稷，本督無愧於心。」

史德威心中一凜，不由拱手說道：「督師之心，天地可鑑，末將誓死追隨。」

史可法內心如何不知史德威所說之事委實嚴重，他當日白紙黑字，將福王七不可立之言交與馬士英，此刻來看，無異將自己把柄主動交到對方手上。在弘光登基翌日，馬士英自請入朝，入閣主政。對弘光帝而言，自然對馬士英擁兵支持而心存感激。當馬士英提出江北不可缺重臣督師之際，史可法如何不知馬士英言下之意？當下便自請出朝，渡江督師。群臣無人不知，史可法此舉，無論被迫與否，都是讓出了朝中大權，讓馬士英成為弘光帝最為倚重的首席之臣。

史可法停住馬，待眾人上來，揚鞭說道：「今日前往之地，便是我等效命之所。」劉肇基和眾人互望一眼，拱手說道：「史大人，恕末將多言，四鎮總兵雖經大人和高大人之薦，封伯的封伯，晉侯的晉侯，可高傑、黃得功、劉良佐乃馬士英部下，劉澤清也有『定策之功』在手，末將擔心他們會不聽調遣。」

史可法勒住馬，眼望北方，緩緩說道：「三國諸葛孔明鞠躬盡瘁，南宋文天祥大義孤忠，今日本督心裏也只有這滿腔之血！擔心無用，我們先且渡江。」

內憂外患

一

渡江之後，史可法率眾東向，往儀真而去。儀真位於南京以北，揚州以西，南臨長江，與鎮江相望。

眼看城垣將近，史可法想起數十日前，當時的福王、如今的天子，便是在此處得馬士英部下總兵黃得功相助，擁兵前往浦口，不由喟然一嘆。自己來回奔波，唯一所盼，便是明室中興，收復北方。不料短短數十日，風雲驟變，自己被排斥在外，馬士英搖身成為內閣大學士，名義上的官銜雖不如自己，實權卻是超越不少。其部下黃得功、劉良佐、高傑及山東總兵劉澤清現分駐儀真、壽州、泗州及淮安，稱淮、揚、泗、廬四鎮，以為南京屏障。史可法名為四鎮督師，實不知這四鎮總兵會不會遵令而行。

遠遠見儀真城外有數百人馬列隊，軍旗林立。史可法等人也不催馬，仍是按轡徐行，而對面的人馬卻迎面提速。

當先之人全身披掛，虎體狼腰，虯髯滿面，顯得極是魁梧，高聲說道：「前方可是史督師？」

史可法催馬上前，說道：「正是本督，來人可是靖南侯黃將軍？」

來將翻身下馬，拱手說道：「在下正是黃得功，聞得督師前來，特來迎候。」

當下黃得功將史可法一行迎進城內官邸，擺宴席接風。

黃得功原本行伍出身，在與農民軍的交戰中，積功升至廬州總兵。後隨馬士英平定河南永城叛將劉超，受封靖南伯，此次因有「擁立之功」，史可法提議加封其為靖南侯。得知史可法前來儀真訊息後，黃得功親自出迎。

史可法見黃得功對己言辭客氣，心下稍慰。

黃得功說道：「黃某蒙督師大人提拔，感激不盡，督師大人有何差遣，只管吩咐。」

史可法微笑道：「有黃將軍這句話，本督就放心了。如今北方動盪，賊兵橫行，黃將軍戰功卓著，今日更為朝廷重臣，還望多為國用才是。」

黃得功端起酒杯，說道：「只要督師大人下令，黃某部下的五萬大軍，任憑督師調遣！」

史可法微微點頭，說道：「黃將軍深明大義，本督與將軍乾了這杯。」

當晚賓主盡歡，史可法回房之後，心中安定。原以為黃得功為馬士英部下，又有「擁立之功」，只怕會驕橫自傲，對己刁難。如今見黃得功氣概威武，直言將奉令而行，不覺有心中鬆了一口氣。

回房後，史可法秉燭讀書，思緒如潮。看到半夜，門外有人敲門，史可法說聲「進來」，房門一推，進來的是史德威和從京城趕來的應廷吉。

史可法見應廷吉到來，心中一喜，起身說道：「廷吉來了！好，好！」他轉眼見應廷吉臉上神色憂慮，不由喜意頓消，待其坐下後問道：「廷吉有何事情？」

應廷吉嘆息一聲，拱手說道：「史大人，朝中不妙啊！」

史可法一驚，忙問：「朝中出了何事？」

應廷吉眉頭不展，說道：「史大人曾向陛下薦用前大學士吳甡，被劉孔昭以先帝所定罪臣之名否棄。大人離京之後，張慎言又向朝廷舉薦吳甡，不料劉孔昭反說張大人意欲結黨營私，還說『定策』之時，張大人懷有二心。無奈之下，張大人只能回避了事，沒想到御史王孫蕃第二天上奏彈劾劉孔昭，二人在陛下面前爭吵，結果劉孔昭竟然在陛下眼前拔刀欲殺張大人。如今群臣灰心，張大人和高大人、姜大人上疏辭官，想要離朝了。」

史可法聞言，臉上不禁一片怒色，厲聲說道：「劉孔昭竟敢在陛下面前如此妄為？」

應廷吉搖搖頭，繼續嘆道：「劉孔昭和馬士英剛在朝中擠走史大人，又想逼走高大人他們，還舉薦閹黨餘孽阮大鋮。我看這朝廷剛立，就如此這般，唉！」

史可法雙眼圓睜，神色痛苦，跺足道：「朝廷方立，正是用人之際，如今吳甡才德卓著，朝廷不用，反用逆案之人，這、這……豈不是取禍之道？」

應廷吉和史德威見史可法怒形於色，只互相搖頭，默不作聲。

史可法重重一嘆，轉桌後落坐，揮筆上疏，寫畢之後，命史德威連夜派人送往京師。

二

翌日清晨，黃得功親自前來史可法處問安，見史可法神情疲倦，黃得功問道：「督師大人昨夜似是沒有安睡？」

史可法勉力微笑，說道：「無妨。」

黃得功自然知道昨夜應廷吉抵城，必然有事，他也不多問，遂說道：「可需黃某派人送督師前往揚州？」

史可法搖了搖手，答道：「本督陛辭出京，聖上有旨，命本督先祭告鳳、泗二陵。本督且先前往鳳陽，再往泗州。」

黃得功眉頭微皺，說道：「鳳陽乃廣昌伯劉良佐駐地，泗州乃興平伯高傑所轄，興平伯桀驁不馴，督師大人需多多留意才是。」

史可法目光堅定，說道：「如今天下勢危，天子方立，南京所需，乃四位總兵同心協力。領兵之人性格各異，本督會一一與他們見面。大義在此，本督倒是不信會有何人敢拒朝廷之命！」

看著史可法一行往鳳陽方向而去後，黃得功等人勒馬而回，其部將田雄策馬在旁，頗為不屑地說道：「黃將軍，末將看督師不過一無用書生，要將軍聽他指揮，嘿嘿，只怕他少了些本事。」

黃得功抬頭看天，說道：「就讓他高興兩天，本將軍可沒時間與他周旋。」他側過頭看著田雄問道：「高傑那裏有什麼動靜？」

田雄答道：「今早剛得訊息，高將軍由徐、泗向南，一路殺掠，已到揚州城下。黃家瑞和馬鳴騄正督民守城，依末將看，高傑早晚入城。」

黃得功冷笑一聲，說道：「他想入揚州？可得問本將軍答不答應！揚州這塊肉，怎能落入他人之手！」

田雄說道：「那我們即刻起兵？」

黃得功嘴角浮笑，說道：「如今不是有了督師嘛，我們先看他如何處置。揚州城高牆厚，高傑不會那麼快破城的。」

田雄讚道：「將軍高見！末將隨時派人打探。」

三

史可法在祭告完鳳陽、泗州二陵後，在房中秉筆上疏，奏疏中著意強調「若安處東南，不思遠略，一隅亦未可保」。史可法寫畢，不覺心緒如桌上油燈，總是難以安定。又想到離儀真後、抵泗州前，分別與劉良佐和劉澤清的會面之事。

劉良佐在北都覆亡時，正駐軍於河南正陽（今河南正陽）。馬士英四月命其入南直隸，劉良佐率部一路劫掠奪，以致臨淮聞劉部將至之時，立刻嚴城固守。劉良佐勃然大怒，竟下令攻城，若非馬士英再命他移駐壽縣，臨淮非遭其屠城不可。

至於山東總兵劉澤清，史可法想起時，心中不禁更為苦澀。李自成兵渡黃河之時，崇禎皇帝曾命其率軍護衛京師，不料劉澤清見李自成大軍軍威逼人，不戰先怯，謊稱墜馬受傷，按兵不動。當李自成兵入山東，劉澤清的反應是立刻帶領主力南竄淮安。而當南京發生監國之爭時，劉澤清先是迎合東林黨，主張立潞王，轉眼見馬士英及其部下三位總兵決意擁立福王，也立刻掉頭轉向，改擁福王。也因如此，這一身負抗旨和南竄之責的總兵非但無罪，還因立有「定策之功」被晉升為東平伯。而曾下令攻打臨淮的劉良佐也同樣立功，被晉升為廣昌伯。

史可法想到此處，不禁痛苦搖頭，但眼下朝廷所依，恰恰又是這四鎮之兵，史可法在與他二人先後見面時，不但無法問責，還不得不溫言撫慰。儘管劉良佐與劉澤清都如黃得功一般，聲言將奉督師之命，卻在答應時顯露倨傲之情。史可法料他們不過是嘴上答應，到自己異日馳令之時，二人未必見得會應命而行。史可法屈指一算，自己五月二十日渡江，今日已是六月二日，忽忽十二日，雖與三總兵各自見面，奉旨祭過鳳、泗二陵，但沿途所見，無不是赤地千里，雞犬無聲，眼見神州陸沉，卻是無兵可用。

走到窗前，史可法推窗望去，黑沉沉的夜幕不知隱藏著多少未卜的凶險。崇禎皇帝龍馭上賓已一月有餘，南方至今未發一兵一卒。難道任由北方淪陷嗎？史可法一邊搖頭，一邊不由發出一聲長嘆。

敲過二更之後，街上忽然馬蹄聲響，聽到策馬人在喊：「報——」

出什麼狀況了嗎？史可法等了良久，未見有人前來通報，料想是軍營小事，又拿起寫好的奏疏，自己再看一遍，並無疏漏。終於滿懷心事、腳步沉重地挪到床前，吹燈就寢。

四

第二日一早，史可法剛剛起身，房門叩響，緊接著便是全身披掛的史德威邁步而入。

「督師，」史德威走到史可法身前，雙手抱拳，說道：「青州有函至。」

史可法說道：「如此之早，有何要事？」

史德威答道：「信乃昨夜二更送達，末將恐大人已然歇息，故今日早些送來。」

史可法眉頭一皺，接過信函，厲聲說道：「德威，以後任何信函，無論何時，都需立刻送我。下次記住了！」

史德威面有愧色，拱手說道：「末將遵令。」

史可法拆開信，走到窗前閱讀，待他轉身之時，已是喜上眉梢，對史德威大聲笑道：「德威！你可知是何喜事？」

史德威見連日來都在憂慮中的史可法眉開眼笑，不由興奮，上前一步說道：「大人，信上所呈，是何喜事？」

史可法連聲大笑，來回踱步，說道：「青州來函，山海關總兵吳三桂已在上月借得關外之兵，將李自成逐出北京，闖賊已然西逃。青州軍民盡斬闖賊所派之官，各方回應，都引頸而望王師啊，哈哈！」

史德威聞言，也是大為激動，說道：「吳總兵借兵驅寇！真乃天大喜訊！」

史可法走來走去，喜道：「不錯不錯，本督立刻上疏，請朝廷遣使北往，撫慰山東、河北軍民，以定人心。」說罷便到桌旁寫下第三封奏疏，命史德威派人再送南京。隨即傳令，即日前往揚州。

還有最後一位總兵高傑尚未會面，史可法自然知道，目前已見的三位總兵，雖能看出他們懼戰掠地，各懷鬼胎，卻還是有些嘴上的漂亮話。高傑兵勢最盛，驕橫跋扈之名更是無人不知，如高傑能俯首聽令，其他三位總兵自不敢抗軍令。

揚州兵亂

一

三百川兵及一眾文武隨史可法離開泗州城，南下揚州。

揚州自古繁華，尤其長江與運河在彼處交匯，地理位置獨特，使得經濟與文化極為繁榮。太祖朱元璋時期，揚州府便領三州七縣，鼎盛一時。此刻北方動盪，對南方而言，揚州的戰略位置首當其衝。

第二日黃昏，史可法一行紮下營帳，埋鍋造飯之際，不少人聽到一陣馬蹄聲急奔而來。

史可法在營中端坐，只見應廷吉與劉肇基帶一軍士進來，抬眼看去，那軍士單膝跪地，雙手奉上一函，說道：「督師大人，小人從揚州奉命而來。此乃淮撫黃家瑞大人親書，囑咐小人一定親手交給大人。」

史可法見其神色便預感不妙，聽得是黃家瑞親筆信函，即命身旁軍士接過。

帳內之人皆凝視史可法，史可法迅速看過信後，伸手往桌上一拍，霍地站起，喝道：「那高傑如此凶殘？」

揚州軍士滿面塵汗，仍單膝跪地未起，悲聲說道：「高將軍一意要據揚州，下令攻城已有半月，揚州城外屍骨累累，無人掩埋，揚州百姓無不切齒痛恨。黃大人萬般無奈，命小人前來送訊。」

史可法極力按捺心情，問道：「黃大人信上說鄭元勳先生也死了？是如何死的？」

史可法說的鄭元勳是崇禎十六年進士，工詩善畫，素有江東名士之稱。在南京發生監國之爭初期，鄭元勳有句話在南京傳開，他所說的是只有福王可立，若立潞王，則福王無處可去，結果將引發天下之戰。如今來看，不能不說鄭元勳眼光銳利。史可法路上想過，抵揚州之後，當親訪鄭元勳，引其為幕僚，不意他竟死於兵亂。

那軍士聞言，垂下頭去，片刻間又抬頭說道：「鄭先生實為冤死。他因與高將軍有舊，便前往高將軍營中勸說，請高將軍退軍五里。之後鄭先生入城勸黃大人讓高將軍入城，稱高將軍不會再引暴亂，不料竟被士民罵其賣城，當場殺死。」

史可法聞言，連連搖頭，說道：「士民豈非自毀長城？」他緊接著問一句，「如今揚州如何？」

那軍士答道：「高將軍攻城甚急，黃大人派小人單騎出城，就為早日報與大人。如今揚州勢危，非大人不能解。」

史可法目光炯炯地看著應廷吉和劉肇基，說道：「此去揚州尚有四日行程，傳本督將令，今夜拔營，不能再等了！」

二

江北四鎮的四位總兵中，高傑的來歷最為不同。他原為李自成部下，因作戰勇猛，得了個「翻山鷂」的綽號，後投降明軍，屢次擊敗農民軍，將張獻忠也殺得大敗。崇禎十七年晉升為總兵，統精兵四萬，此次更是立下「擁立之功」，受封興平伯。弘光帝雖命其領揚州，卻只讓他駐軍徐、泗。高傑不忿，聞得黃得功、劉澤清也覬覦揚州，便於四月底從徐、泗搶先揮師，一路往揚州殺掠而來。揚州聞訊，立即閉城據守。高傑五月中旬抵達城下，下令攻城，揚州城淮撫黃家瑞和守道馬鳴騄督民守禦，高傑一時攻克不下。

這日高傑正在營中與妻子邢氏商議軍情，外甥李本身及部將李成棟急匆匆入內。高傑見二人神色慌張，不由喝道：「你二人巡營整軍，怎麼如此模樣？」李本身趕緊答道：「稟報將軍，末將剛剛得訊，史可法明日將到揚州。」高傑聞言不禁大吃一驚，這一個多月來，他從北往南，殺掠痛快，無人敢攖其鋒。高傑自然知道自己興平伯之爵，乃是史可法和高弘圖舉薦，眼下史可法身為兵部尚書兼督師，正好是自己的頂頭上司，心內一懼，脫口說道：「史大人來揚州了？」

李成棟也上前一步，說道：「督師明日便到。」

高傑臉色蒼白，來回走了幾步，忽然站住，對李本身和李成棟說道：「你們趕緊挖出坎道，能挖多長就挖多長，將城外的屍首都給我埋了！」

李本身和李成棟同時拱手，說聲「末將遵令」，轉身便出。

高傑仍感緊張，對夫人邢氏說道：「夫人，史可法到揚州，我們該當如何？」

邢氏原是李自成之妻，後與高傑私通，怕李自成對他二人不利便一起降明。邢氏雖是女流，卻是有勇有謀，高傑為人凶暴，卻對邢氏始終言聽計從，認為邢氏是自己身邊的將略之才，須臾不離。

邢氏起身走到高傑身前說道：「史督師威名卓著，聽說治軍很嚴，他如今將至揚州，我們不可攻城。適才夫君下令挖坎埋屍，便是讓史督師見不到戰況。妾身以為，明日史督師一到，大君可前往拜見，妾身料想沒什麼大事可出。」

高傑皺眉說道：「去見史督師，果真不會有事？」

邢氏微微一笑，說道：「夫君忘記了，史督師來揚州不是統軍而來，夫君有數萬精兵，督師又能把夫君怎樣？」

高傑聞言，眉頭漸展，說道：「夫人果然高明，我明日便去拜見史督師，瞧瞧他的威名究竟是怎麼個來法。」

三

第二日一早，高傑便派李本身、李成棟率百名親兵前往打聽史可法的行程。李本身等人還未出營，便聽得營外人聲喧譁，高傑立感緊張，親自帶隊前往營門。

轉身而回的李本身迎上高傑，低聲說道：「史督師到了。」

高傑大步走到營前，見外面整齊站立三百軍士，他們神情雖倦，卻是個個肅容。當先之人穿著一身緋色官袍，玉帶圍腰，頭戴慶雲冠，臉上皮膚黝黑，雙目炯然有神，頷下鬍鬚垂胸，實有不怒而威之態。

高傑感到背上一股冷汗流下，立即上前躬身說道：「末將高傑，拜見督師。」

史可法雙目注視高傑，說道：「高將軍，免禮。」

高傑心中惶恐，立刻命人將史可法等人迎入中軍大帳。

史可法步入軍營，目光左右掃視，心內暗暗吃驚。高傑所部多為陝人，此刻兩旁站立，人皆精壯，刀甲鮮明，比之史可法前面所見的三鎮總兵部下，更具勇武氣概。

高傑不敢走在史可法前面，緊跟其後。一行人隨引路軍士來到高傑大帳。

史可法邁步而入，高傑立刻說道：「請督師上坐。」

史可法面色端凝，徑直走到帳中大位坐下，揮手說道：「諸位也都請坐。」

高傑待眾人坐下後，快步走到史可法面前，拱手說道：「不知督師遠來，末將未及相迎，還請恕罪。」

面對史可法的威嚴，高傑心中惶恐。

史可法微微點頭，慢聲說道：「本督奉旨督師，尚未足月，江北四鎮總兵，到今日都已是見過了。高總兵如何遠離駐地，到揚州來了？」

高傑聞言不覺額頭見汗，尷尬道：「督師大人，我……我蒙大人舉薦、天子隆恩，受封興平伯，陛下命高某領揚州，所以來此了。」他說到後來才漸漸順暢起來。

史可法眉頭微皺，說道：「將軍之所以顯貴，乃是君命所致。如今未奉朝廷之詔，擅離職守，以圖非屬之地，將軍如何解釋？」

高傑見史可法語含斥責，不覺語塞，過半晌說道：「督師此來，料已聽說揚州士民妄殺鄭元勳，其罪非小，大人是否當誅首惡？」

史可法聞言起身，慢步走到高傑身邊，緩緩說道：「本督一路南來，白骨千里，究竟何人方為首惡？」

高傑此刻內心懼意漸去，挺胸說道：「高某一人能殺千萬人嗎？」

史可法雙眉一揚，還未說話，高傑又冷冷說下去，「督師大人別忘了，高某領揚州乃是陛下下旨，難道高某來自己屬地也需請旨不成？」

史可法聞言，臉色倒是緩和下來，說道：「將軍十餘年來，戰功赫赫，如今朝廷用人之際，將軍可不要因片刻之思，誤天下之事。」

高傑見史可法遠非自己原本以為的那樣聲色俱厲，不覺傲然抬頭，說道：「高某上陣殺敵，立功無數，這揚州城，高某是進定了！」

史可法再次皺眉，說道：「將軍，本督提醒你，自古人心比城池難得，如今揚州城不欲將軍入內，將軍難道要攻城嗎？如今北方大亂，將軍有此血勇，何不率軍北上，收復失地，為先帝報仇。」

高傑嘴角浮起冷笑，說道：「高某自然要為先帝報仇，督師此來，攜兵入營，是想對高某武力相逼嗎？」

史可法凝視高傑，緩緩說道：「將軍竟有此等想法，那不如這樣，本督所帶乃三百川兵，將軍若想補充軍士，本督就撥二百與將軍。」

帳內隨史可法來的文武見史可法幾乎是縱容高傑，高傑也愈來愈膽大氣粗，俱是驚訝。此刻又見史可法居然要撥兩百軍士給高傑，應廷吉不由站起，說道：「督師，不可……」

史可法搖手打斷應廷吉：「你們不要說話。」又轉向高傑，續道：「高總兵可收下本督兩百軍士。」

高傑面露詫色，隨即轉頭對李本身說道：「既然督師有令，還不快去？」

李本身即刻一聲「遵令」，轉身大步出帳。

史可法繼續凝視高傑，緩緩說道：「本督的督師之地乃是揚州，如今將軍在城外紮營，本督也不便入城，就在將軍之營住下。本督與將軍都不入城，將軍以為如何？」

此言一出，不只應廷吉等人吃驚，連高傑也感意外。他看看帳內諸人，再將目光停在史可法身上，見其神色坦然，不覺心內微微一震，當下便道：「督師願意留在高某營中，就怕會委屈大人了。」

史可法微微一笑，說道：「正好與將軍共議北上之策。」

四

當夜，應廷吉走進史可法大帳，拱手說道：「督師大人，您如何能將川兵交與高傑，還在他營中住下。這豈不是淪為高傑人質？大人該入揚州方為上策啊。」

史可法撫鬚一嘆，起身說道：「廷吉啊，你隨本督日久，如何也不解本督之心？」

應廷吉一愣，說道：「在下確實不明。今日見高傑桀驁不馴，野心昭昭，便是想佔據揚州，難以為朝廷出力。」

史可法微笑一下，緩緩說道：「屏護南京的便是這江北四鎮，本督問你，這一路所見，你覺得哪鎮兵馬最強？」

應廷吉皺眉思索片刻，說道：「依廷吉來看，還是高傑之軍最強。」

史可法點點頭，說道：「的確如此。如今北都淪亡已近兩月，南都未發一兵，清軍入關，決無善意，他們與闖兵交戰，誰勝誰負，都將不利本朝。如今天下之勢難明，若不能以大義說服高傑，南京可用的勁旅從何而來？」

應廷吉仍是皺眉說道：「可高將軍如此跋扈，未見他會遵令北上。」

史可法伸手輕拍應廷吉肩膀，說道：「四鎮總兵，高傑最強，此為其一。其二，與其他三位總兵相比，唯有高傑與李自成有私仇，就此點來說，高傑便是四鎮當中，唯一不會投敵之人。本督雖在高傑營中，卻也料他不敢如何，本督與其曉以大義，必有他甘願出師之期！」

應廷吉心中大震，拱手說道：「大人苦心，我等委實難知，更是不如。」

史可法不答，緩步走至帳門，仰首望天，不覺一聲長嘆，像是自言自語地說道：「天下形勢易變，時間真是不多了。」

青萍之末

一

史可法在高傑軍營一待便是旬日，高傑見史可法身邊士卒僅百，隨從的幾名文武官員更是沒被他放在眼內，竟將自己的親兵置為史可法營帳護衛，史可法所書文檄，均得自己先行過目後才決定是否發出。應廷吉、史德威等人無不大怒，史德威好幾次厲喝拔劍，前來取文之人為士卒，自是害怕，史可法便厲聲喝道：「德威！你要幹什麼！」史德威憤然將拔出一半的劍用力還入劍鞘，等取文之人出去後，惱聲說道：「史大人，您乃堂堂督師，如何能受這窩囊之氣！」

史可法待士卒走出，才安然落坐，說道：「德威，收人之心，豈是容易之事？高將軍乃朝廷命官，不是你我之敵，他要看，便讓他去看，無須動怒。眼下高將軍不入揚州，便是城中之福。人盡大義，便得有這區區忍讓，算不得什麼，你們都出去吧。」說罷，史可法拿起桌上之書，開始讀了起來。

在高營中的史可法每日必做三事，一是讀書，二是巡營，三是與高傑閒談。

每次巡視中，史可法無半分焦慮之態，盡顯坦然。沿路所見軍士，無不止步詢問，有話則長，無話則短，言辭間俱是溫言相待。不覺間，高營將士均對其漸生敬重，就連高傑也慢慢變得願與其多多交談，神情不知不覺地恭謹起來。

邢氏在營中，將一切都看在眼裏。這日當高傑回來後，邢氏上前問道：「夫君今日又和督師相談去了？談些什麼？」

高傑將頭盔取下，放到桌上，說道：「督師確實是我平生所見的唯一君子。」

邢氏微笑道：「為什麼這麼說？」

高傑背手踱步，說道：「這些天裏，史大人幾乎無時無刻不掛念北方，開口一說，便是欲為先帝雪恨之事。我剛回營之時，聽到幾個軍士說話，隱隱聽到『督師真乃我主』之言。」

邢氏微微點頭，說道：「史大人實有過人之處，再讓他在營中留下去，只怕人心都會被史大人收走。」

高傑眉頭一豎，說道：「誰敢不聽命令，老子立刻砍他的頭！」

邢氏上前一步，微笑道：「其實這未必不是好事，天下大亂，夫君雖手上有兵，卻終是孤軍，誰能說以後就百戰百勝？如今史大人一心為國，必成大事，妾身倒想，不如我們今日開始便奉督師之命行事，夫君必能一展雄才。若真能收復北方，定會搏個千古留名。」

高傑一怔，說道：「夫人之見，是要我聽命於史大人？」

邢氏仍是微笑道：「史大人原本就是督師，奉他之命，乃下屬本分。妾身一旁琢磨，北方亂到今日未歇，早晚有兵鋒南下，日後朝中上下，唯史大人可堪追隨。」

高傑「唔」了一聲，來回踱步，說道：「待我好好想一想。」

他還未想出個結論，外面便有軍士來報。來人是取史可法文書的士卒，他進來說道：「將軍，此乃督師今日文書。」

高傑接過，揮手命其出去，然後展開一閱。

邢氏一直察看高傑臉色，問道：「督師寫些什麼？」

高傑一字字讀完，合上信，望著邢氏，遲疑說道：「此乃督師給朝廷奏疏，說是讓我移兵瓜洲，劉澤清從瓜洲移駐淮上。」

邢氏臉色一亮，說道：「夫君，無須多想了。督師在我們營中，形如受囚，未有任何怨言。如今他奏請聖上，讓夫君移駐瓜洲，實乃最上之策。在督師未至之時，我們十餘日也未能拿下揚州，如今督師在此，我們如何還能攻城？現瓜洲距此不過區區四十里，與在揚州有何區別？讓劉澤清移駐淮上，也是督師苦心孤詣，不欲四鎮間有摩擦。如此大義之人，是朝廷之福，也是你我夫妻之福啊。」

高傑點頭道：「夫人所想也正是我之所想。來人！」

隨著這聲大喝，帳外候命的李本身大步邁入，拱手道：「末將在！」

高傑說道：「傳我將令，擺出筵席，請督師入席，快快去請。」

「遵令！」李本身答道，轉身欲出。

「站住！」高傑又是一喝，對轉身而望的李本身補充道：「聽清楚了，此去是恭請督師，明白嗎？」

「末將明白。」李本身大步出去。高傑與邢氏互望，均是臉上發光。

二

揚州城內，兵禍消弭，已是安定不少。史可法和揚州知府任民育帶同應廷吉、史德威、劉肇基、王秀楚等文武，慢步走到一館舍前，抬頭凝視。該館舍乃是新建，引來無數人觀看，門上一匾額寫著「禮賢館」三個遒勁有力的大字。

圍觀士民中有人喊道：「督師來了」，眾人轉頭去看，見史可法一行人過來，不由一邊喊著「史大人，史大人」，一邊自動地讓出一條道來。

史可法微笑而行，走上館前臺階，轉身面對眾人，說道：「本督入揚州，所負之責便是督令四鎮，收復北方，以雪先帝之仇、萬民之恨。今特建『禮賢館』，誠望得四方才士輔助。館中事宜，由監紀推官應廷吉大人負責。」

在眾人掌聲中，應廷吉走上臺階，面向愈圍愈多的士民說話，希望有識之士能齊聚於此，或毛遂自薦，為國效力，督師府將量才錄用。眾人不禁再次歡呼。史可法想到自己經歷一番艱辛，總算在揚州開府，如今又建起禮賢館，招徠各種人才，不覺心中安慰。

想著收復北方，真非一朝一夕之事，只能逐步而行，自己內心再急，更需極力忍耐。好在四鎮算是歸心，明日之事已然足可期待了。

應廷吉領「禮賢館」以來，日日接待慕名而來的人，他擇優而選，將人才推薦至史可法府中待用。不只揚州，外面各地也有不少史可法設立的禮賢館，招攬四方英才。

某日應廷吉一早進得館內，剛剛坐下就有軍士進來通報，說是有人求見。一見來人，應廷吉就感覺對方雖風塵滿面，敝衣草履，舉止卻不似尋常之人。

那人見應廷吉後，雙手抱拳，說道：「應大人，敢問督師可在此處？」

應廷吉凝視對方說道：「督師未在，敢問先生何人？」

那人又走上一步，幾乎貼到應廷吉案沿，低聲說道：「草民邱茂華。」

應廷吉猛吃一驚，不由站起，拱手說道：「是邱太守？邱大人如何到了揚州？」他話音一落，就知自己說得不對。

邱茂華乃河北真定（今河北正定）太守，三個多月前，兵鋒正盛的李自成令部將劉芳亮東出固關，兵至真定，時為太守的邱茂華驚慌失措，出城投降。當吳三桂借清軍擊敗李自成，無數望風投降李自成的大明官員又轉眼間失去新主。如今邱茂華竟到了揚州，自是走投無路，無處可去了。應廷吉順口稱其「邱太守」，其實哪裏還是什麼太守？

邱茂華臉色含悲，仍是躬身說道：「應大人，我有緊急要事必須面稟督師，還請應大人帶我去見史大人。」

三

「什麼！」史可法一聲驚呼，從椅子上站了起來，「那吳三桂不是借兵，而是投降了清廷？」

邱茂華點頭說道：「不錯，吳三桂確乃投降，並非借兵。草民在北京親見吳三桂已然剃髮，被多爾袞封為平西王。」

史可法更是震驚，朝廷現下消息不通，無不以為吳三桂是借兵擊敗李自成，北京自然恢復大明旗號，豈料吳三桂竟然是剃髮投降。史可法仰天嘆道：「朝廷二十一日派出使團，發給吳三桂銀五萬兩、漕米十萬石，又追封這逆賊之父吳襄為遼國公，真乃我朝之恥！」

邱茂華說道：「督師，如今當務之急是清虜指日南下，要如何應對？」

史可法緩緩搖頭，沉思片刻，說道：「北方變化如此之巨，闖賊屯兵陝西，清軍佔據京師，江南雖是地廣，朝廷卻是掣肘繁多，尤其兵餉不至，令本督失信於各鎮，如何進軍山東與河南？」

邱茂華吃驚道：「朝廷不發兵餉？」

史可法道：「本督連連上疏，卻是無一回覆。」說罷長聲一嘆，續道：「眼見朝局日非，上下苟安，無絲毫進取之志。如今清軍與闖賊爭執，正是用兵之時，若今日不圖，後悔無及啊。」又是連連嘆息。

邱茂華和應廷吉等人在旁，互換眼色，終是無以為勸。邱茂華起身說道：「小人自知罪大，不如督師容小人往南京一見，有何消息，也可儘快通報。」

史可法點點頭，揮手道：「如此也好，只怕終究無用。」

邱茂華拱手告辭後，應廷吉為安慰史可法，從懷中取出連日來「禮賢館」的招人名目詳加稟報。二人其實深知，如今報名之人俱是秀才文人，揚州此刻最需的是統兵將才乃至帥才，這樣的人卻哪裏會在旦夕間橫空出世？

四

時間一天天流逝，轉眼到了八月十五中秋佳節，史可法的母親和妻子俱在南京。當日晚間他獨自吃個月餅，在庭院內散步片刻，望著圓月升空，月色清朗，心中不覺泛起一絲愁緒。史可法成婚二十餘年，始終未育一子，其妻楊氏曾勸史可法納妾，以便承續史家香火，史可法則以「王事方殷，敢為兒女計乎」為由拒絕。此刻凝視明月，思親之情，無子之憾，不禁油然而生。

閒步片刻，忽然心中一動，命軍士在府邸後花園擺上一小桌酒肴，備上兩副杯筷，然後命人傳史德威入見。

過不多時史德威進來，史可法臉上微笑，也未起身，伸手示意史德威坐在對面。史德威有點詫異，不明追隨日久的督師如何會單獨召自己過來飲酒。今日是中秋佳節，難道有什麼緊急軍情？史德威一時想不明白，不無猶豫地拱手問安。

史可法微笑道：「德威，我知你揚州無親人在側，今夜月明，便召你過來飲上一杯。」

史德威還是第一次與督師單獨飲酒，不覺略有惶恐。

史可法揮手讓下人出去，後花園便只剩下史可法和史德威兩人。
史德威不安說道：「今日中秋，蒙督師相召，不知有何要事？」
史可法微笑道：「德威，今夜只你我二人在此，無須拘禮。」隨即端起酒杯，說道：「難得佳節清淨，我們先飲一杯。」
史德威趕緊端杯，也不敢與史可法酒杯相撞，說道：「末將先乾為敬。」說罷，杯到唇邊，一口喝下。
史可法也喝下酒，然後抬頭望月，心中感慨，嘆息一聲，說道：「人有悲歡離合，月有陰晴圓缺，此事古難全。當年蘇子之詞流傳至今，便是告訴後人，人之一生終究遺憾多於圓滿。不知德威父母身體可還康健？」
此時四下明月清輝，本就觸人思緒，史德威聽到史可法問及家人，不覺感傷說道：「蒙督師掛念，末將父母均在山西，北方戰亂，迄無音訊。」
史可法微微嘆息，又似是不經意問道：「德威可已入了史家族譜？」
史德威見史可法問得有些古怪，還是答道：「德威已入族譜。」
史可法「哦」了一聲，然後端酒啜飲，放下酒杯時眉頭微皺，又輕嘆一聲，說道：

「今夜中秋月圓，北方之地卻不知有多少黎民流離失所，他們指望王師北上，收復失地，得享太平，如此才能夫妻相聚，親人團圓。」

史德威心中感動，說道：「大人終日記掛北方，實乃黎民之福。」

史可法搖搖頭，說道：「未得團圓之家，談何『福』字？」

史德威不覺握起拳頭，說道：「末將只等大人下令，便率軍北上。」

史可法凝視對方一眼，慢慢起身。史德威見史可法站起，也立刻起身相隨。史可法走了幾步，抬頭說道：「德威可還記得十日之前？」

史德威微思片刻，說道：「十日之前，末將隨大人前往淮上巡視。」

史可法臉上不自覺露出一絲苦笑，說道：「本督淮上閱軍，德威覺得東平伯劉澤清部下如何？」

史德威微愣，旋即說道：「恕末將直言，東平伯部下虛誇難用。」

史可法轉身面對史德威，伸手拍拍對方肩膀，說道：「你隨我三載，果知本督素來只願耳聞真言。不錯，劉澤清部下難堪大任，那麼劉良佐之部如何？」

史德威臉上已有憂慮，繼續說道：「兩部之士，無毫釐之別。」

史可法再次抬頭看天，緩緩道：「那你看高傑之部呢？」

史德威走到史可法身側，說道：「興平伯部下實乃勁卒！」

「好！」史可法目光炯炯，看著史德威說道：「德威之見，與本督一樣！以閱軍所見，唯高傑所部可為先鋒，本督心意已定，擬命興平伯統率本部，進取開、洛。」

史德威不覺一喜，隨即又說道：「揮師北上，乃萬民之願啊。」

史可法緩緩頷首，說道：「若高總兵率部北上，不可使其有後顧之憂。明日你去瓜洲，將興平伯家眷接至揚州，以安其心。」

「末將遵令！」史德威不由朗聲應道。

史可法走回桌邊，伸手端起桌上酒杯，轉身看著史德威，史德威也過去端起酒杯。

史可法持杯移步，抬頭看月，雙手舉起酒杯，說道：「收復北方，乃本督肩負之責。祈願皇天后土，佑我大明，這一杯酒，天地共飲！」說罷史可法將酒杯傾斜，從左至右，一線酒水，緩緩從杯口瀉於地上。

史德威在史可法身側，舉杯說道：「祈願皇天后土，佑我大明！」將手中酒盡灑地上。

一絲烏雲，從月旁徐徐飄過。

解紛收心

一

果如史可法所料，高傑得知史可法欲將其妻兒安置揚州後，心中大喜。畢竟他的鎮守之地北接山東，西連河南，二省都尚在李自成勢力範圍之內，一旦交鋒，立處前線，揚州遠在後方，可保妻兒性命無虞。對高傑來說，邢氏軍事才能雖然重要，但獨子高元爵不過數歲，讓其隨母安居揚州，自己才無後顧之憂。高傑當即撥五百親兵，命邢氏帶同兒子隨史德威前往揚州，同時託史德威帶給史可法一信。

史可法將邢氏母子安置於帥府居住，然後細讀高傑來信。

高傑信中所言，第一是感謝史可法安頓其妻兒，第二是表示自己將奉命進軍開、洛，第三點最重要，問詢兵餉何時能至。史可法閱信後不禁輕嘆，他已上疏數次，次次都是追餉，南京的回覆不是顧左右而言他，就是根本不提兵餉之事，只詔令史可法出師。史可法手中無銀無糧，如何能下進軍之令？

史可法再次上疏，請撥兵餉，不料從南京得來的回音是，南京兵部右侍郎兼右僉都御史左懋第及太子太傅陳洪範為首的北使團上月剛與清廷議定「以兩淮為界」，此刻不宜發兵。史可法不覺渾身發抖，如今他手無兵餉，又被南京下令緩師，一股坐困之感難以抑制地湧上心頭。

史可法剛剛被朝廷捆住手腳，禍不單行，九月剛過，已被派出守衛高家集的劉肇基忽然緊急回城求見。

見到史可法後，劉肇基便急聲說道：「督師，高傑與黃得功兩位總兵打起來了！」

史可法一驚，旋即只覺怒火攻心，一拍桌子怒道：「如今大敵當前，他們兩個、他們兩個竟然兵戎相見！說！說！什麼原因？」

劉肇基嘆息搖頭，說道：「稟督師，此事曲在高傑。黃得功將軍接到登萊總兵黃蜚之信，黃蜚將軍自登州入淮揚，擔心被高傑襲擊，黃得功將軍接信後，率三百騎相迎。不料黃將軍剛到距邗關五十里的土橋，便被高傑圍攻，黃將軍匹馬逃脫。更想不到的是，高將軍見黃將軍離鎮，竟然派出一千軍馬奔襲儀真，卻被儀真守軍殺了個大敗而歸。」

史可法愈聽愈怒，不禁吼道：「難道他們不知如今北方之敵對我們虎視眈眈？居然如此不知輕重，動起手來！如今朝廷能依靠的便是他們四鎮，他們、他們……」史可法怒髮衝冠，一句話竟說不下去。

劉肇基上前一步，拱手說道：「督師，如今生氣無用，眼下高將軍與黃將軍在各治甲兵，大有洶洶之勢。」

史可法終於控制住心情，走到窗前思索，片刻後轉身凝視劉肇基，聲音沉緩下來：「說得對，生氣解決不了問題。你傳史德威前來見我，本督即刻前往儀真，面見黃得功。你且回高家集，駐守淮河一線，不可再輕易離開。」

「末將遵令！」劉肇基一拱手，轉身出去。

「高傑！」史可法手握成拳，沉聲道，「本督就知你尚未歸心！」

二

史可法帶著史德威及百餘名親兵抵達儀真。

四個月前，史可法渡江第一站便是儀真，當時黃得功親自率隊來迎，此刻在城外等候的只有黃得功部將田雄。令史可法等人詫異的是田雄等人皆白帶圍腰，史可法心知有異，暗自猜想難道是高傑又惹下了什麼亂子，當下催馬上前。

田雄見史可法過來，翻身下馬，彎腰拱手，說道：「末將田雄，奉靖南侯之命，迎接督師。」

史可法端坐馬上，看看田雄，又看看他身後人馬，說道：「田將軍免禮，這城中出了什麼事？」

田雄說道：「靖南侯母親去世，正忙於喪事，不及親自迎接，還望督師恕罪。」

史可法不禁眉頭一皺，驚訝道：「靖南侯母親去世了？事不宜遲，田將軍前面帶路，本督即刻前往侯府。」

一行人到得侯府，黃得功已率家人在門外相迎，遠遠見史可法等人過來，黃得功領著家人快步上前，到史可法身前站定躬身，說道：「黃某有孝在身，未能親迎督師，望請恕罪。」

史可法見黃得功等人全身縞素，後面的府邸匾額上也掛著白布，當下說道：「黃將軍節哀順變，可引本督靈堂一拜。」

「督師請」，黃得功一邊說，一邊讓開身子，讓史可法前行。

在靈堂拜祭過後，黃得功將史可法請進另外一間房間，待史可法坐下，黃得功臉色悲憤，說道：「督師親祭我母，黃某銘感督師大德。不過大人料也知道，黃某在土橋被高傑無故襲擊，折損三百人馬，這筆賬，黃某一定要算。我已寫好奏疏，將直接上書朝廷，黃某誓與高傑決一死戰！督師可不要阻撓才好！」

史可法見黃得功言辭激憤，緩緩點頭，說道：「黃將軍母親方逝，本督素聞將軍身世，令尊大人早逝，乃令堂一手栽培。本督料想，令堂能養育將軍，必乃深明大義之人。令堂在天有靈，見將軍揮師馬，不是北驅強敵而是同室操戈，會是如何心痛。」

黃得功聞言，一時未答，沉吟片刻說道：「督師之言，是要黃某放過高傑？大丈夫處世，豈能不恩怨分明？有恩報恩，有仇報仇，從來如此，督師難道不這麼以為？」

史可法聲音不變，仍是緩緩說道：「將軍之言甚是！有恩報恩，有仇報仇，將軍身受朝廷大恩，此恩當如何報？」

黃得功不禁語塞。

史可法繼續說下去：「如今將軍在土橋遇襲，天下無論智愚，何人不知曲在高傑？若將軍捐棄私怨，為國盡忠，這不正是大丈夫揚名天下之機？」

黃得功神色稍動。

史可法站起身來，背手走了幾步，說道：「將軍在土橋折損人馬，然人死不能復生，本督離揚州之時，已馳令高傑將馬匹悉數奉還，此外……」

史可法看看房內四處掛滿的孝布，緩緩續道：「將軍葬母，花費不小，本督先留三千金於此，以做安置，另會令高傑具一千金到儀真。這場過節，本督如此處置，黃將軍意下如何？」

黃得功思忖片刻拱手說道：「督師大人為國赤膽忠心，黃某……就依從大人之意了。」

史可法轉身，看著黃得功嘆道：「如今朝廷貪圖苟安，豈是長策？本督唯望四鎮將軍同心協力，若不如此，且不說收復北方，這南方恐也危矣！」

三

高傑聽聞史可法親來，也不由感到慌張。他在土橋襲擊黃得功，是其三叉河部下報說黃得功將暗襲淮揚，高傑當即設伏，若非黃得功驍勇，只怕當場便被高傑亂箭射死。隨後高傑再襲儀真，不料儀真有備，派去的一千人馬全軍覆沒。高傑自是大怒，盤算如何消滅黃得功，此時史可法一函文書送到，命其退還黃得功馬匹。高傑雖惱恨黃得功，但對史可法還是心存敬畏，卻又不甘心全盤受命，遂選出羸馬百匹，派人送往儀真。送馬人原是高傑得力探子所扮，立刻將儀真消息送回，黃得功喪母，史可法親往弔唁，一百匹羸馬，黃得功只收下一半，史可法又代替其選出二十匹，剩下的三十匹差不多都在垂垂待斃。

送去羸馬，原本就是高傑有意凌辱，不意史可法會在其中代為選馬。此刻聽到史可法已至瓜洲，高傑身邊沒了邢氏，主意不多，立即召來李本身和李成棟商議。二將都覺得史可法既來，無可回避，只能看他有些什麼說辭了。

李本身補充了一句：「督師倚重將軍，將軍不如單獨與其見面，可免去一些不便。」

高傑覺得李本身言之有理，便率領二人，帶上五百親兵，出城相迎。

自揚州城下分別，一向盛氣凌人的高傑對史可法生出敬服之心，尤其當史可法將其妻兒接去揚州，更是感佩，只是當史可法不在身邊時，高傑又做回了往日的自己。襲擊黃得功，固然有訊息誤傳之故，卻也未嘗沒有自恃軍力最盛，想獨壓三鎮之嫌。現下雖惹出事端，但史可法的命令卻只是讓自己交還馬匹，不覺膽氣復硬。史可法既來，倒的確可如李本身所建議，與之單獨會面，看看這位督師會對自己說些什麼。

城外相見，高傑看到史可法神色如常，心中一塊石頭落了地，料想史可法不會對自己如何，又見史可法隨身親兵不多，更覺有恃無恐，一切問題都可迎刃而解。當下也只是拱起手，幾句客套話後，便和史可法並轡入城。

四

高傑將史可法請進宅邸內間，待軍士送上茶水之後，高傑揮手命房內之人盡出，然後眼望史可法，說道：「高某粗人，有話就直說了。督師剛離儀真便到瓜洲，可是為了土橋之事而來？」

史可法不答，端起茶杯，慢慢啜飲一口，目光陡然一亮，直直地看向高傑。

高傑被史可法的眼神逼視得不由一慌。

史可法將茶杯擱回案几，一字一頓地說道：「興平伯高傑，土橋之事，本督不打算多說。今日來此，本督只想和高將軍說說我年輕時候的一樁往事，不知興平伯有沒有興趣聽聽？」

高傑見史可法臉色不喜不怒，卻顯得比在揚州時威嚴得多，而他所說的竟只是想談一樁往事。高傑不由得怔住了。對眼前這位督師，高傑所知還真不多，自己出身貧寒，為求活命，隨李自成殺官造反，後雖投降官軍，積功升遷，卻始終未讀詩書，身在亂世，只知亂世法則乃是手握強兵才得生存。史可法這類人是他從未遇過的，見對方明明要為土橋之事開言，卻又否定，且心中好奇之感也被喚起，不由得說道：「督師請講，末將洗耳恭聽。」

史可法眼睛前視，似是沉浸在回憶中，然後慢慢站起，見高傑也欲起身，史可法搖手說道：「興平伯且坐，本督要說之事發生在天啟五年（一六二五年）。興平伯可知那年有何要事？」

高傑皺眉搖頭，說道：「天啟年間，可是魏忠賢把持朝政之時？」

史可法微微點頭，說道：「不錯，閹黨禍朝，不知有多少忠良被冤下獄，本督恩師左僉都御史左光斗也因上疏彈劾魏忠賢三十二條罪狀被拿下獄。」

高傑隱隱知道些前朝之事，知道左光斗是東林黨重要成員，萬曆六君子之一，此刻才知眼前的督師竟出自左光斗門下，不覺心中升起敬意。他不知如何接話，索性不言，等史可法繼續說下去。

史可法也沒等高傑作答，自顧續道：「吾師下獄，遭受閹黨酷刑，生命垂危。我得到消息後向獄卒哀求，只為再見吾師一面。興平伯，你可知我見到吾師之後，吾師是何慘狀？」史可法轉身，凝視高傑。

高傑為史可法神色及言辭所震撼，搖頭道：「末將……不知。」

史可法慘然一笑，將目光轉開，繼續說道：「牢室淒慘，可以料想，不可想像的卻是吾師靠在牆角，便是一團模糊血肉，哪裏還有人形？膝下無肉，露出的都是森森白骨。當時我立刻跪下，不敢放聲，只能嗚咽。」

說到這裏，史可法仰起頭，似是極力忍住淚水，片刻後又緩緩說道：「吾師雙眼都無法睜開，他聽到我的哭聲，知道是我來了，抬頭用手指撥開眼皮。興平伯可知吾師當時說了什麼？」

高傑素來殺人如麻，此刻卻感到心悸不已，臉色也蒼白起來，搖搖頭，說道：「左大人是不是有一絲欣慰？」

史可法淚光閃爍，搖搖頭，彷彿當年的一切又在眼前出現。他閉上眼，按捺住心緒，搖頭說道：「吾師沒有任何欣慰，當年他眼中的怒火我無日或忘。吾師拚盡全身之力對我說道：『如今國家傾危，奸臣亂朝，你如何能不顧利害探獄？為師來日無多，國家之事已落在你的肩上，你竟擅自來此，難道要等奸人發現，一起遭遇毒手不成？若如此，天下還有何人可以依靠？你不立刻出去，不如為師今日親手取你性命！』」

史可法聲音顫抖，舉袖往眼眶抹去，然後提聲說道：「興平伯，本督至今都不知吾師當時從哪裏來的力氣，居然提起了地上的鐵鍊要投擲於我，我只能從獄中出去了。」

高傑聽到這裏，心潮澎湃起伏，不禁渾身顫抖。

史可法靜立片刻，然後緩緩說道：「本督從此無福再見恩師，可吾師所說的國家之事，本督豈敢一日忘卻？」他轉過頭，再次凝視高傑。

高傑額頭微汗，他忽然站起，走到史可法身前，低頭抱拳，慨聲說道：「督師一腔忠義，天地盡知。高某今日發誓，再不敢心生二意，從此謹遵督師之令，只求督師收復北方時，令高某為前部先鋒！」

睢州驚變

一

高傑歸心，令史可法頗感欣慰，當下命黃得功移守廬州，同時命高傑進軍徐州，伺機待取。數月來，史可法幾次欲出兵河南，無奈軍餉始終未至，史可法日日掃視北方地圖，徒自憂急。眼下南方尚算安穩，北方已成清軍與李自成相爭局面，史可法如何不知，二虎相爭，正是自己出兵良機，但眼下四鎮，只高傑有忠義之心，其他三鎮始終志驕氣盈，一心爭奪繁華之地，劉澤清更是在淮安大興土木，為自己建造東平伯府邸。史可法軍令難行，朝廷也無能為力。

四鎮之外，鎮守武昌的左良玉擁兵八十萬，實力遠超四鎮，更是沒把史可法的督師之名放在眼裏。福王登基之時，左良玉並未參與定策，但因他兵多將廣，朝廷不免有所指望，故而也將左良玉由寧南伯晉封為寧南侯。數月來，史可法眼睜睜地看著李自成敗退陝西，在山東、河南的大順政權已日落西山，權力出現真空。李棲鳳傳來的報告是「河南各處非兵即寇，各佔一方，無處寧靜」。史可法坐困揚州，眼看稍縱即逝的良機從指縫間滑過，痛惜不已。再看南京朝廷，馬士英薦用阮大鋮之後，姜曰廣、高弘圖、張慎言、劉宗周等忠良被相繼排擠出朝，不覺更是苦悶。

但最令史可法不安的是朝廷定下「借虜平寇」策略，深懼出兵北上，引起清廷不滿。但隨著十月到來，緊張氣氛已日甚一日，首先傳來的消息是清廷定鼎北京，年方六歲的愛新覺羅．福臨於十月一日即位稱帝，是為順治。僅過兩天，攝政王多爾袞發兵南下，號稱四十萬大軍，十月五日，清軍東路軍至沂州，西路軍至濮陽，初八取豐縣。

史可法得到的軍情一夕數至，贛、沭、沛、邳、曹、單、開、歸等地都有清軍蹤跡。史可法當即下令，命高傑於十四日統軍北征。高傑慨然應命，不顧祭旗時風折大纛，紅夷大砲無故自裂等種種不祥之兆，率部登舟。十月二十一日，史可法進駐清江浦，劃分諸鎮防守之地，自己則親自鎮守王家營至宿遷的最為要害之地。

史可法雖竭力防守，但固守並不能解決危機。到了十一月十二日，清兵進攻宿遷，史可法立刻提兵往救，清兵聞訊拔營而走，史可法隨即追擊，兩日後舟至鶴鎮。這一天恰逢史可法生日，應廷吉等部下意欲祝壽，但史可法哪裏有心情擺宴。清軍南下，壓城欲摧，史可法知道隨之而來的惡戰已然不遠。

二

應廷吉見史可法無意壽辰，不覺嘆道：「今日乃督師懸弧之慶，應不以俗務煩心為好。」

史可法搖頭說道：「如今天下動盪混亂，本督哪還有心情慶祝生辰？」

應廷吉知史可法內心焦慮，還是說道：「天子已立，朝廷方安，天下事尚可為，督師不必過於心急。」

史可法嘆息一聲，說道：「本督將令，遵者寥寥，以致軍機屢失，實乃四鎮互爭利益，北有強敵虎視，而我們徒增內耗。當日先帝殉國，我等便是待罪之人，高弘圖建議分封四鎮，姜曰廣和馬士英極力贊成，這中間既不能挽救，也未能改弦更張的便是我這個督師了。如當時不設四鎮，兵力合為一處，未必會如今日這番艱難。真是該將我等斬首，方可以謝天下！」

應廷吉如何不知四鎮跋扈，眼下高傑雖聽指揮，畢竟只區區四萬兵力，僅僅依靠高傑，談何收復北方？但此時的高傑也是他們唯一的指望。

二人只說得幾句，帳外史德威不報而入，幾步走到史可法面前，臉色蒼白地說道：

「督師，宿遷失陷了！」

史可法猛一抬頭，吃驚道：「清軍攻陷宿遷了？」他不覺渾身一抖。僅兩日前，自己率軍增援宿遷，清軍拔營便走，卻是引開自己，來了個聲東擊西。萬沒料與清軍甫一交手，便中對方之計。

史可法疾步走到地圖之前，手指圖上，口中下令，「傳我將令，本部立即拔營，進抵白洋河，命劉肇基、李棲鳳復攻宿遷，一定要奪回此地！」

史德威一聲「遵令」，轉身出帳。

應廷吉卻是不慌，手撫長鬚，說道：「督師勿慮，清軍雖銳，但眼下李自成已攻克濟源與孟縣，我料清軍必抽出主力，兵投陝西，與闖軍決一雌雄，收復宿遷並非難事。待清軍與闖軍交鋒之際，督師可命高傑抵開、洛，據虎牢關，以阻遏渡河清軍，再聯絡河南總兵許定國，中原依然可圖。」

史可法看著地圖，緩緩點頭。

三

事情果如應廷吉所料，多爾袞得到李自成部乘勝進攻懷慶府治沁陽縣的急報之後，立刻下令，原本南下進攻弘光朝的多鐸大軍轉為西進，先解沁陽之圍，然後進攻潼關，以打開入陝門戶，再同阿濟格大軍南北呼應，對李自成形成夾擊之勢。

多鐸撤軍，對史可法而言，贏得了數月的準備時間，但身心俱疲的史可法仍是將令難行。到了弘光元年（一六四五年）正月，即便朝廷下詔，但除了高傑應命提兵三萬進駐虎牢關之外，命黃得功、劉良佐分別進屯潁州、亳州的詔令皆被直接抗拒，史可法只得將全部希望寄託在高傑一人身上。

此時的高傑被史可法忠義感化，一心北進，首先拒絕了清廷的勸降，隨即沿河築牆，全力備禦，同時主動請命，以重兵駐歸德，馳書身在睢州的河南總兵許定國，以築攻取中原之基。

收到許定國回信之日，高傑同時收到了部將王之綱急函。高傑當時正與李本身、李成棟等將領議事，他先看到了許定國回信，信上寫得明白，願將睢州讓與高傑鎮守。睢州原本城堅，易守難攻，高傑大喜，再看王之剛信函時，不禁眉頭一皺，王之剛密告許定國已向清廷肅親王豪格獻上降書，豪格命許定國將兩個兒子送去清營，以作人質。

高傑微一思索，嘴角冷笑，對李本身和李成棟說道：「許定國投降清廷，又將睢州讓我，老子倒要看看，待我到了睢州，那姓許的還敢不敢說一句投降的話？」

高傑站起身來，喝道：「傳我將令，兵發睢州！」李本身與李成棟同時拱手遵令。

高傑又補充一句：「趁許定國還在睢州，大軍加速，務必在初十趕到城下！」

四

高傑軍行甚速，果然於正月初十率軍至睢州城下。

正月十八日清晨，天色濛濛，將亮欲亮，史可法在夢中陡然一聲驚呼而醒。門外站崗軍士聽得督師聲音有異，立刻推門而入，只見史可法冷汗涔涔坐於床上。軍士慌張道：「督師……」

史可法定了定神，說道：「喚廷吉過來見我。」

應廷吉聽得消息，急忙趕來，此時史可法穿戴已畢，臉色卻是蒼白。

應廷吉立刻問道：「督師，出了何事？」

史可法雙眼兀自圓睜，說道：「我剛做一夢，高傑在空中乘馬，卻是頸上無頭，不由驚醒。廷吉可否為我測此夢凶吉？」

應廷吉不由暗吃一驚，說道：「督師過於勞累，心掛興平伯，是以夢之。」

史可法嘆息一聲，說道：「但願興平伯安然無恙。」

應廷吉還未再言，門外軍士進來說道：「稟督師，興平伯副將胡茂順求見。」

史可法渾身猝然一抖，說道：「快快傳進。」

只見渾身汗透，顯是晝夜兼程的胡茂順大步進來，見到史可法，不由單膝一跪，雙目含淚，哭道：「督師，興平伯遇難了！」

史可法頓時如聞霹靂，站起身來，雙眼圓睜，手指胡茂禎，喝道：「你說什麼！興平伯遇難？！究竟是怎麼回事？！」

胡茂順悲聲說道：「興平伯初十抵達睢州，許定國那狗賊出城相迎。興平伯已然知道許定國將自己兒子送往清營作人質，未加挑破。為防止許定國將睢州獻與清軍，興平伯帶三百親兵入城接受許定國洗塵之請。不料當夜許定國設下伏兵，興平伯及三百隨從盡皆遇害了！」

史可法聞言，只覺一陣暈眩，喃喃道：「興平伯遇害了？遇害了？」他雙眼轉向應廷吉，淚水不由湧出，驀然頓足，悲聲道：「中原不可為了！」

禍起蕭牆

一

史可法帶領部下及胡茂順趕赴徐州，高傑的死訊現已全軍知曉，其部下兵卒正一片慌亂。史可法來到中軍大堂，將高傑部下將領一個個看去。眾將俱知高傑獨服史可法，也不由對史可法心生敬畏，見史可法目光堅定，不由安靜下來。

史可法聲音含悲，說道：「興平伯遇難，本督比你們任何一人都感痛惜，這筆賬該算在清軍身上。本督今日是奉詔而來，興平伯之部乃我朝精銳，興平伯不在了，本督擬保李本身將軍代統全軍，赴歸德守禦。胡茂順將軍坐鎮中軍，李成棟將軍為徐州總兵。諸將以為如何？」

李本身見眾人無聲，走上一步說道：「督師所命，末將遵從，只是興平伯之子雖在揚州，不知大人將如何安置？」

史可法微微點頭，說道：「本督今日上疏，請朝廷撫恤，立元爵為世子，襲興平伯爵位。」

李本身等人聞言，齊聲說道：「末將謝過督師。」

史可法當日寫好奏疏，命人送往南京。

二

史可法在徐州安置完高傑軍後，未待幾日便接到黃得功率軍直往揚州的消息。史可法聞言吃了一驚，他知黃得功對土橋之事從未釋懷，此刻高傑已死，黃得功大軍直往揚州，自是有不軌之心，當即下令回程，路上顛簸，史可法心潮卻是更為激烈。

一路各種消息傳來，首先是馬士英命兵部左侍郎衛胤文前往徐州總督高傑軍馬。史可法不禁悲嘆，心知馬士英此舉實乃害怕自己得高傑部軍心。隨即又知李自成連失潼關和西安，敗走襄陽。史可法對應廷吉嘆息道：「清軍佔據北方，不日便要南下，興平伯留下的人馬難以奉衛胤文之命。此刻我也無法留在徐州，靖南侯兵發揚州，難道是想造反不成？」

應廷吉也連聲嘆息，說道：「興平伯已亡，餘下三鎮都想得興平伯軍馬，再無一人想要收復北方了。」

史可法痛苦地閉上雙眼，旋又睜開，說道：「朝廷總覺提督之位甚高，以為李本身資淺，卻不知李本身乃高傑外甥，高傑之部，豈是他人所能統率？若久而不決，本督擔心興平伯軍馬將從此散去，朝廷再無可用精銳。」深深嘆息之後，史可法繼續說道：「如今闖賊兵敗，清軍若南下，徐州堪危，難道三鎮總兵不知徐州若失，三鎮俱危嗎？」

應廷吉沉思片刻，說道：「督師憂慮無用，我們且到揚州，靖南侯兵發揚州，料是針對高傑妻兒，以報土橋之仇。」

史可法緩緩點頭，只覺一股深深的疲憊與悲涼從心底湧起。只一片刻，史可法又振作起來，說道：「取紙筆過來，本督再給南京上疏。」

應廷吉本想勸他暫時休息，終於還是搖搖頭，命人拿來紙筆。

史可法便在途中秉筆上疏，向朝廷陳述目前時局利害，需早做準備，並請京營提督高起潛鎮守揚州。

三

二月十五日，史可法終於回到揚州，黃得功未如當日高傑一般率軍攻城，只在城外紮下營帳，炫耀武力。

史德威等人見此情形，無不大怒，史可法剛一升帳，史德威便站出說道：「督師，末將請命，率軍出城，不擊退黃得功，誓不收兵！」

史可法沉聲一嘆，揮手說道：「且下。如今清軍虎視眈眈，我們若同室操戈，江南不保。本督已經想得清楚。」他看著帳下同知曲從直與將軍馬應魁說道：「曲大人、馬將軍，你二人隨我出城，入靖南侯大營，本督要親自詢問。」

史德威一驚，說道：「督師，黃得功明顯欲據揚州，大人親往其營帳，豈非以身犯險？」

史可法臉色不變，仍是沉聲說道：「靖南侯知我回州，未加阻攔，且屯兵城外，未加攻打，已見其心怯，本督往其營帳，定會平安而返，不必多言。」語罷，便帶著曲從直和馬應魁二人出城，徑往黃得功營帳。

黃得功聞報，見史可法只三人入營，頗覺意外，即刻讓開通往中軍大帳的道路。曲從直和馬應魁見黃得功只是讓路，並不親自出迎，無不憤怒。然史可法倒是顏色如常，穩步走進黃得功大帳。

黃得功見史可法氣度超然，也不禁暗佩，當即拱手說道：「督師親臨，黃某佩服。督師請坐。」

史可法泰然落坐，雙目炯炯，凝視黃得功說道：「黃將軍坐鎮儀真，如何到揚州來了？」

黃得功牙關一咬，像是下定決心，提聲說道：「督師，黃某乃朝廷大將，累立戰功，卻只僻處儀真小邑。高傑不過賊寇出身，有何功績佔據名城？」

史可法見黃得功情緒激憤，臉色卻是一沉，緩緩說道：「靖南侯以為儀真是小邑？你可知它的戰略位置何等重要？將軍既知自己乃朝廷大將，豈可不奉朝廷之令？」

黃得功無法按捺，怒氣衝衝地說道：「依督師所言，儀真位置重要，可如今高傑已死，便應將泰興興化及通泰二州盡歸於我。黃某已依從督師，不追究土橋之事，更念其死於王事，可於高郵、寶應、江都幾處養其妻兒！」

曲從直和馬應魁見黃得功跋扈到坐地要價的地步，不覺大怒。馬應魁從史可法身後站出，喝道：「黃將軍對督師太過無禮！大明之地，哪能你說要哪就要哪？」

史可法站起身來，側頭喝道：「馬將軍不要說話！」又轉向黃得功，聲音平緩下來，說道：「本督無權答應。」

黃得功冷冷一笑，說道：「督師不答應，黃某決不罷兵！」

曲從直也站出來，對黃得功喝道：「身為朝廷大將，你想同室操戈嗎？」

黃得功冷冷道：「黃某與督師議事，哪輪得到你說話！」

史可法對曲從直搖手道：「曲大人暫且勿言。」

他眼睛始終看向黃得功，繼續說道：「靖南侯在先帝年間，迫降五營兵，擒馬武，殺王興國，破張獻忠，功績無人不知，更是將軍對朝廷忠義所現。土橋一事，本督也見將軍不是心無大義之人，如今清軍擊破闖賊，指日便要南下，將軍不思報國，反思一城一池之長短，豈是大義所為？」

說到這裏，史可法併起手指，往北方一指，聲音變得威嚴：「如今國家之任，落於幾位將軍身上，江南千百萬民眾性命也繫在幾位將軍身上，如今高傑為王事而亡，將軍自負功高，非流寇出身，可今日行事，將軍自問，比得上高傑嗎？」

黃得功被史可法問得一愣，一時竟不知如何作答。

史可法走上一步，聲音又平緩下來：「將軍有定策之功，天子倚重，也為天下倚重，解民倒懸才應是將軍心中所重，將軍難道想承擔誤國之罪嗎？本督言盡於此，且先回城。」

說罷，史可法轉過身來，大步便往帳外走去，曲從直與馬應魁緊跟其後。黃得功僵在營帳，看著史可法背影，呼吸聲加重，對史可法既不敢留，更不敢追。

燕子磯頭

一

在城頭的史可法看著黃得功大軍拔營，側身朝身邊站立的盧九德拱手說道：「沒料到盧公公會親自前來傳旨，靖南侯終於拔營，下官感激不盡。」

盧九德將手中拂塵一擺，說道：「史大人何出此言？昨日咱家往黃將軍營中傳旨，才知史大人以大義說之，咱家手上的聖旨，實是多餘了。」

史可法說道：「下官勸說靖南侯，也只是分內之事，上疏朝廷，也實是無奈。」

盧九德嘆息一聲，說道：「史大人不要自謙了。黃將軍已將史大人之言，句句告之咱家，史大人為國鞠躬盡瘁，咱家由衷欽服。若今日諸將，人人都如史大人，又何懼北方之兵？」說罷連連搖頭。

二人轉身緩行。

盧九德邊走邊說：「史大人途中上疏，說是揚州事定，便要著手北線防務？史大人覺得高起潛高公公能鎮守揚州嗎？」

史可法見盧九德問得有些僭越，遲疑一下，說道：「下官本擬北行，可如今三鎮無法調用。下官舉薦李本身之疏，得朝廷之旨，只命其領先鋒之職，原高傑部下諸將甚為不滿，下官還是在揚州多待一些時日，以為鎮撫。」

盧九德眉頭微皺，說道：「咱家即刻回朝，將此地情形奏稟陛下。史大人肩上擔子不輕，咱家就此與史大人別過了。」

史可法躬身道別，心知盧九德不欲高起潛代領揚州，內心暗嘆。想起自己渡江督師以來，所上奏疏，無不優先詔答，卻無一實行，幾處總兵時時惹出禍端。尤其聽盧九德告之，劉良佐上疏，直稱高傑潰兵作亂，黃得功與劉澤清也合奏朝廷，不欲李本身領提督之位。高傑部下將領逐漸四散，藩籬盡撤。史可法眼看一支勁旅自行瓦解，直感自己四肢被縛，難以展開拳腳，偏偏敵人步步進逼，徒自悲憤欲淚，卻是無可奈何。

二

進入三月，中原形勢變化甚劇，李自成自兵敗潼關，不得已放棄西安之後，率大順軍主力經藍田、商洛撤入河南，隨即兵下湖北，清英親王阿濟格一路緊追不捨。史可法料武昌有左良玉八十萬大軍坐鎮，李自成難以攻克，此刻最為緊要之事，乃是清豫親王多鐸大軍兵鋒南下。

史可法已然接報，多鐸三月初五發兵，僅僅兩天便佔據虎牢關，固山額真拜伊圖出龍門關，韓岱、梅勒章京宜爾德、侍郎尼堪所統領的外藩蒙古兵取南陽路，三路兵同時撲向歸德。至十二日，歸德陷落，緊接著睢州陷落，巡按御史凌駉被擒後自縊殉國，此前大明將領除許定國外，李際遇也投降多鐸，獻出開封，是以清兵南下通道徹底敞開。

連聞急報，史可法問計於幕僚，應廷吉說道：「清軍南下，我等不可在揚州發令。依屬下之議，督師可移鎮泗州，護衛祖陵，也可就近調動諸鎮。揚州則可命衛胤文將軍鎮守。」

史可法點頭稱是，立刻上疏朝廷，奏請移鎮之事。然此時哪裏還需史可法上疏奏報？清軍南下速度疾如閃電，僅十餘天時間，潁州、太和同時陷落，清軍出歸德之後，至象山，八百里之地無一兵一卒防守。泗州、邳州、徐州已危如累卵，朝廷頒下急旨，命史可法速赴徐泗。史可法接旨後，急命史德威率前鋒先行，緊接著前線來報，清軍兵分二路，一路撲亳州，一路撲碭山，形勢逼人。

史可法當即下令，命應廷吉為監軍，參將劉恒祚、游擊孫桓、都司錢鼎新及于光率部乘船前往清江浦，會合鎮守該地的黃日芳，然後渡洪澤往泗州前進。

史可法大軍於四月三日出發，不料大軍剛剛出城，一騎迎面飛奔而來。史可法日日都聞噩耗，此刻見該馬急奔，心中暗想，難道清軍已攻下清江浦了？不知史德威生死如何？饒是史可法經歷再多風雨，想起史德威生死，也禁不住渾身微抖。

只見那匹馬奔到軍前，來人落馬跪地，說道：「督師，聖上有詔。」

史可法見是南京聖旨，心中稍定，說道：「陛下有何旨意？」

那人從懷中取出折好的黃綾，雙手奉上，說道：「此乃聖上手詔。」

史可法當即接過，展開一看，不禁驚呼一聲。應廷吉在旁，見史可法臉色大變，忙問：「督師，聖上何詔？」

史可法雙目圓睜，轉向應廷吉，聲音顫抖地說道：「左良玉大軍從武昌東下，揮師南京，說是要『清君側』。陛下命我勤王，攔截左良玉。」

三

史可法不得不再次上疏，言明清軍南下甚急，必須分兵駐守盱、泗、臨、淮及鳳陽和壽州，以遏清軍渡淮，又分析左良玉既是「清君側」，就絕不至與君為難，表示自己將親自面見左良玉，曉以大義。

奏疏送走之後，連日未見回音，史可法不得已，驅兵趕往南京。

四月八日，在路上的史可法再接急報，徐州總兵李成棟棄城而逃，徐州陷落。史可法驚怒交迸，又不知南京現在究竟是如何狀況。他此行勤王，原本是撤下江淮之兵，防線已異常薄弱，徐州一失，更擔心清軍趁機渡淮。但此刻如何能違旨回軍？牙關一咬，令大軍繼續往南京而去。

第二日，史可法到達燕子磯。無法忘卻，僅僅一年之前，福王便是在此地登陸，接受群臣朝見。流光彈指，自己督師數百個日夜，卻是北伐之志未獲寸展，天下已到不可收拾的境地了。

史可法無旨不敢入城，紮下營帳。他此時方知左良玉四月一日兵至九江，四月三日竟病逝於舟中，其部將擁其之子左夢庚襲爵，先後佔領彭澤、東流、建德、安慶。馬士英急調黃得功前往長江以南的太平府，擊敗左夢庚。

史可法得到消息，終於長吁一口氣，想起北方軍情，不覺又憂心橫生，隨即上疏，請往南京面君。不料馬士英深恐史可法入朝後會位居己前，立刻慫恿弘光下旨「北兵南向，卿速回料理，不必入朝」。

史可法接旨，不覺心頭大慟，南京就在眼前卻不能入朝，更不能看到一年未見的老母和妻子。他走出營帳，登上燕子磯，只見長江滾滾，波濤如怒，自己內心何嘗不似這萬里洪濤，無論積蓄多大、多久的力量，當撲向那些紋絲不動的千鈞巨岩之時，轉眼便被擊得粉碎。

史可法從來不懼自己有一天粉身碎骨，他懼的是天下形勢難挽，萬民將遭塗炭之苦。他走到燕子磯高處，眼見長江一浪高過一浪，不覺想起母親當日之言，「牢牢記住『大節』二字，其餘之事，無須多思」。史可法捫心自問，「大節」無日或忘，可哪件事又不需自己多思？一年來心力交瘁，日日渴望北伐，卻日日被內部的無窮紛擾綁縛。

一陣傷痛湧到心間，史可法遠望南京城頭，不覺雙膝跪下，面南拜了八拜，泣聲喊道：「陛下！陛下！諸鎮擁兵不前，清軍步步南下，我大明江山啊……」說到後來，史可法已泣不成聲。

拜別之後，史可法擦淚起身，匹馬回營，立刻下令，全軍北上。

史可法想起母親教誨，立誓守護河山。

孤掌難鳴

一

志在掃滅弘光朝廷的清軍兵分三路，西路軍由英親王阿濟格率領，主要任務是出商洛、取鄧州、入襄陽，剿滅李自成，再乘勝擊敗左夢庚的武昌明軍；東路軍由原駐山東的固山額真準塔統軍，沿運河水陸並進，南下徐州，佔據宿遷、淮安、興化、通州、如皐，主要打擊目標是劉澤清所率明軍；中路清軍則由豫親王多鐸率領，預定路線是出潼關、進歸德，隨即兵鋒南下，趨泗州、佔揚州，最後攻取南京。

在史可法往南京之時，多鐸已於四月五日從歸德起兵。令多鐸意外的是，明軍非但抵抗不力，沿途州縣更是無不望風而降。

此時史可法正全力率軍趕往天長，途中頻聞急報，上午傳令高郵守軍將軍械錢糧運至浦口。高郵守軍還未及準備完畢，中午又接史可法令箭，稱清軍已更南下，命高郵守軍速回揚州。到了下午，第三道命令又來，「盱眙告急，邳宿道可督諸軍至天長接應」。奉命守在高郵的應廷吉不覺頓足道：「千里之程，如許之餉，如何一日三令？督師方寸怎麼會如此之亂！」其實應廷吉如何不知，不是史可法方寸大亂，而是軍情太急，無處不亂。應廷吉當即命泗州守將侯方岩馳援盱眙，自己率軍前往天長。

史可法日行百里，於四月十一日趕至天長，在此等候的史德威迎進史可法。兵馬未歇，征袍未洗，史可法坐於帳中，檄召諸將往馳盱眙救援。

此刻大雨傾盆，史可法檄令剛出，軍士報告說應廷吉從高郵前來拜見。

史可法見到應廷吉，心中一喜，起身說道：「廷吉來得正好……」轉眼見應廷吉渾身濕透，面色含悲，立刻問道：「廷吉如何這等模樣？」

應廷吉悲聲說道：「督師，派去馳援盱眙的侯方岩已全軍覆沒了！」

史可法聞言不禁站起身來，說道：「眼下還有何人可派？」

應廷吉搖搖頭，說道：「無將可派，也無須再派。」

「無須再派？」史可法不由怒道：「此言何意？」

應廷吉雙眼含淚，說道：「我剛得消息，盱眙守軍已經投降了！」

「投降了？」史可法簡直不相信自己的耳朵，左右望望，痛苦搖頭，說道：「盱眙既失，只可力保揚州了！傳我將令！全軍立刻趕赴揚州！」

二

回師揚州路上風雨愈來愈大，史可法心知清軍鐵騎太快，於是不顧泥濘路險，一日一夜，馬不停蹄趕回揚州。留守揚州的知府任民育、淮揚總督衛胤文、城內忠貫營首領何剛等人見史可法冒雨趕回，均覺詫異，立刻將史可法迎進府內。

史可法剛進府邸，尚未進食，任民育便急匆匆走進，說道：「督師大人，城內四處紛擾，說是許定國率大軍將至，要屠戮高傑妻兒。」

史可法抬頭皺眉，握拳說道：「此乃謠言，權且不管。許定國伏殺高傑，投降清廷，他若是來揚州，本督非把他碎屍萬段不可！」

任民育見史可法神情堅決，拱手道：「既然如此，下官便放心了。只是督師連夜趕回，前線吃緊，督師決策如何？」

史可法緊緊凝視任民育，說道：「揚州便是史某死地！任知府且回，平息謠言。」

任民育聽史可法說出「死地」二字，心頭一震，拱手說聲「是」，退步而出。

史可法知清軍不久便到，城內守軍不過何剛麾下的忠貫營，兵力薄弱，實在放心不下，便起身而出，親往各處巡營。

何剛等人見史可法雨中大步，神情威嚴，忍不住心頭酸楚，紛紛上前勸說史可法先回府進食。史可法搖頭嘆道：「清軍轉眼即至，本督豈敢懈怠！」

何剛眼眶盈淚，抱拳說道：「督師請放心，敵兵若來，末將誓死抵抗！」忠貫營將士齊齊站立，同聲說道：「我等誓死抵抗！」

史可法伸手拍拍何剛肩膀，說道：「好！好！揚州眾志成城，就不怕敵軍勢大了！」

其時大雨滂沱，似乎再也不會停下。

三

史可法巡視至二更，終於疲倦，在眾人勸說下回府安歇。

五鼓時分，天剛拂曉，史可法在睡夢中聽得外面熙攘聲不絕，陡然驚醒。側耳一聽，果然是人亂馬嘶。史可法一驚，立刻起身，還未出府，史德威已然衝進府邸。

迎面見到督師，史德威不等相詢，立即拱手說道：「督師，隨高傑妻兒來揚州的五百高營將士奪關而出了。」

史可法雙眼圓睜，喝道：「為何會這樣？」

史德威臉色含悲，說道：「昨日回城，便有許定國率軍將至，要將高傑妻兒斬草除根的消息傳佈。任知府雖四處闢謠，但高營將士仍是恐慌，所以攜著他們母子出城去了。」

史可法痛苦搖頭，緩緩搖手道：「既如此，就讓他們離城罷了。」

史德威悲聲說道：「督師讓他們去，可……軍中的騾馬舟楫被他們搶走一空，末將制止不了，不敢動武，特來請命督師，我們……是否截下高營？」

史可法仰天一嘆，說道：「高營人心惶恐，就讓他們走，本督已決心死守揚州，騾馬舟楫對我們已是無用，不要阻截了。」

說到此處，史可法聲音蒼涼無比。

四

史可法升帳之後，又有噩耗傳來，清軍已渡淮南下，如疾風驟雨，統兵之人乃清豫親王多鐸。計算日程，兩日後便可到揚州。

史可法眼見城內兵少，知揚州若失，南京難守，形勢實已到千鈞一髮的危急地步，當即咬破手指，以血為書，檄各鎮兵馬赴援揚州。第二日，即四月十五日，守衛報田仰、劉澤清沿江而來。揚州城內諸人振奮，不料劉澤清卻非奉檄而來，而是眼看清軍勢不可擋，率部逃向淮安老巢。史可法能調用的人馬捉襟見肘，命川將胡尚友、韓尚良領本部駐茱萸灣，應廷吉駐瓦窯鋪，以為聲援。十七日，何剛率忠貫營也往瓦窯鋪。

就在這日，清軍一小股前哨部隊出現，何剛率軍擊退清軍，胡尚友、韓尚良部下同時出擊，戰果是斬下清軍七顆首級。

多鐸大軍隨即擁上，在距揚州二十里處下營。

史可法下定決心守在揚州，眼見劉澤清逃離駐地，收到檄文的劉良佐按兵不動，擊敗左夢庚後便屯兵蕪湖的黃得功也不發一兵一卒增援。揚州成為一座在風雨中飄搖的孤城。史可法的憂急之情倒是隨著自己的決心而忽然放下，他看得異常清楚，揚州的命運已定，自己的命運已定，南京弘光朝的命運也將隨著揚州的命運，走向再也不可逆轉的終局。

浴血揚州

一

十九日上午，正在巡城的史可法忽然看見城外塵土飛揚，旗號分明，乃大明之旗，不由一喜，身邊的眾將士也興奮起來。只是興奮之情沒有延續多久，過來的那支明兵數量太少，能夠看出清軍似乎並未阻攔，甚至讓開通道，顯是讓其入城，以便來個一網打盡。

該軍奔到近前，看得清楚，是劉肇基率領一部過來。

史可法不禁雙眼含淚，如今揚州危如累卵，諸鎮接檄後無一至者，一是習慣對史可法軍令置若罔聞，二是無不深知，增援揚州無異飛蛾撲火。此刻見劉肇基奮不顧身前來揚州，史可法即刻下令開城，親自下城樓相迎。

一見史可法，劉肇基翻身下馬，拱手說道：「督師，末將來遲了！」

史可法也雙手一拱，說道：「肇基來得好！來得好！」說完這幾字，史可法不禁熱淚上湧，情知劉肇基率部入城，乃是抱定殉國之心了。

下午，史可法聚將議事，命劉肇基守北門，應廷吉守南門。

隨著一聲「報——」的長呼，一士卒手執一支雕翎箭進入，單膝一跪，說道：「稟督師，城外清軍射入此箭，上有信函。」

史可法命其傳上，雕翎箭上果然縛有一信。史可法拆開一閱，不禁一拍桌子，厲聲說道：「劉良佐率部投降！李本身也率部投降！真乃我大明之恥！」隨著吼聲，史可法滾出熱淚，他自己不知淚水已下，痛聲續道：「世受國恩之人竟如此辜負天下！現在多鐸居然要本督投降，真是妄想！揚州便是本督殉國之所！」說罷，史可法一把撕碎信函，擲於地上。

衛胤文、劉肇基、史德威等人也霍地站起，拔出腰間佩劍，厲聲說道：「我等絕不投降！」

史可法看看左右，才驚覺自己臉上有淚，舉腕拭去，抬眼看向史德威。

史德威久隨史可法，素知史可法胸襟行事，此刻見其神色有異，未加多想，跨出幾步，面對史可法躬身說道：「末將誓與揚州共存亡！」

史可法走到史德威面前，眼中盈淚，說道：「德威忠義，是可託大事之人，今日揚州危在旦夕，本督已決意殉國，而你不可。」

史德威聞言，禁不住淚水上湧，單膝一跪，說道：「末將誓死追隨督師！」

史可法淚過臉頰，說道：「德威可還記得中秋之日，本督問你可入史家譜系？你知本督為何有此一問？」

史德威抬頭說道：「末將實是不知。」

史可法將淚珠一擦，說道：「今日揚州難保，本督尚有一願，我膝下無後，想你做我螟蛉之子，承續史家香火如何？」

史德威萬沒料到眼前督師竟要收自己為義子，心頭大震，伏地說道：「督師為國殺身，德威義當從死，何敢偷生？只是末將自有宗支，無父母之命，如何敢為督師之後？」

史可法揮淚說道：「本督為國而亡，我今以父母大事囑託於你，德威不要推卻。」

旁邊劉肇基等人聽得這番對話，饒是堂堂男兒，也不禁淚下。劉肇基走上一步，也單膝跪地，對史德威說道：「督師乃頂天立地之人，他的後事便是天下之事，史將軍為督師螟蛉，你父母得知也必歡喜。」

史可法淚水長流，手撫史德威肩膀，說道：「為我祖宗父母計，我不負國，你忍心負我嗎？」

史德威再也無可抑制，伏地大哭，喊道：「義父在上，請受孩兒一拜！」

史可法緩緩點頭，擦淚說道：「好！好！本督臨終之前終於有子，也不愧列祖列宗了。威兒與我同姓，我今日上書太夫人，將你譜入史家諸孫當中。威兒記住了，待為父死後，且葬我於太祖高皇帝之側，若是不能，就葬於城北的梅花嶺上，不可忘了。」

史德威泣聲答道：「孩兒謹遵義父之言！」

旁觀之人，無不流涕。

二

轉眼時近黃昏，又有一士卒進來通報，城外李遇春想與督師對話。

「李遇春這個叛賊！」史可法厲聲一吼，說道：「諸將都隨我至城頭。」當下一行人走上城頭，暮色蒼茫中，果然是李遇春在城下勒馬仰頭。

史德威一見，厲聲罵道：「你等叛賊，背負朝廷，有何臉面來見我？」

李遇春仰頭說道：「督師忠義遍佈華夏，卻獨獨不見信於朝廷，為這樣的朝廷賣命不值得。李某不過順時應勢，督師也不妨投身大清，不失封侯之位。」

史可法大怒，伸手對劉肇基說道：「弓箭給我。」

劉肇基依言將弓箭遞與史可法，史可法張弓搭箭，瞄準李遇春射去。李遇春武將出身，聽得弓響，情知不妙，立刻閃躲。史可法雖未射中，然李遇春已驚出一身冷汗，立刻撥轉馬頭，趕緊逃離。

史可法對李遇春背影喊道：「叛臣賊子，早晚將你捉住，以正國法！」

眾人看著李遇春匹馬遠去，也不想離開，站在城頭遠望清軍營帳，只覺對方營中殺氣彌漫，從飛揚的旗幟和閃亮的兵刃來看，揚州城內的軍士遠遜於對方。史可法拍拍城堞，說道：「揚州便靠這高牆來防守了！諸將仔細守衛各門，不可輕忽。」

夜色漸濃，清營的燈火愈加明亮，陡然間又見兩人從清營來到城下。史可法等人看得分明，來人並非清軍或降將，而是兩個鄉民。二人奔到城下護城河旁站住，舉起手中一函，大喊道：「史督師，我們是大明鄉民，不得已身在清營。他們對我們甚好，南京朝廷腐敗，督師不如也降清吧。此乃大清豫親王手書，請大人一閱。」

史可法聞言，心中更怒，萬沒料到就連普通鄉民也甘願為清軍做馬前卒，當下冷冷答道：「本督身為朝廷命官，豈可反面事賊？」立刻命令健卒二人縋城而下，將那兩位鄉民連同招降書一併投入護城河。

過得半個時辰，天色已晚，史可法等人在城頭見清營刀光閃爍，火把分明，如一道洶湧波浪，緩慢地推向揚州城。

多鐸終於兵臨城下，揚州被圍得如鐵桶一般。

三

第二天，四月二十日。四門守軍眼見清軍連綿不絕，似乎兵力無窮無盡，尤其進屯在斑竹園的主力更是刀槍如林。揚州守軍無論是將是兵，都等著敵軍攻城，城內兵力太少，主動出擊是不可能的。各處傳來消息，清軍暫未攻城，是在等紅夷大砲，此砲威力巨大，多數人只是耳聞，並未親見。不論有多少士民懷抱同仇敵愾之心，恐慌氣氛還是彌漫全城。

史可法昨晚便上遺表給朝廷，另寫了五封遺書，分別給多鐸、母親、妻子、叔父兄弟及史德威。而後又將五封信寫下副本，交與府中一個叫史書的僕人收藏，囑其帶出揚州。

史可法書信未出，又連收多鐸五封勸降書，他一概不拆，直接點火焚燒，身旁諸將見此，無不堅定鬥志。

再過一日，城內陡然喧囂，史可法疾步出府，卻見府外站著甘肅總兵李棲鳳和監軍道高岐鳳。二人身後站滿甲兵。

史可法微感詫異，不知鐵桶般的圍城中，他們是如何帶兵入城的？當即走上臺階，威嚴地看著李棲鳳說道：「李總兵帶兵入城，可是前來助陣？」

李棲鳳乃是隨史可法渡江之人，此刻見史可法神色凜然，還是不禁微感震懾，囁嚅說道：「督師，末將今日進城，乃大清豫親王讓路而入。」

史可法冷冷地看著他們，緩步走下臺階，目光如電，逐一掃過。

李棲鳳等人被史可法目光逼視，不禁退了幾步。

史可法說道：「這麼說，你們投降清軍了？」

高岐鳳看看李棲鳳，見他不敢回答，便鼓起勇氣說道：「督師，我們……我們……張天祿和張天福帶領兵馬投降了。」

「他們投降了？」史可法冷笑一聲，看著李棲鳳身後的一眾軍士，揚聲說道：「你們都是大明子民，難道要做出辱沒祖宗的事情來嗎？李將軍、高將軍，本督不妨直言，揚州乃本督死地，你們二位要取富貴，請自便。走吧！」

史可法身後的史德威橫劍而出，厲聲說道：「誰敢動督師，別怪我劍下無情！」督師府內的百餘親兵也各挺長矛，對住李棲鳳等人。

李棲鳳和高岐鳳互相望望，再見史德威怒目而視，更聽得自己身後有軍士低聲說出不降的話，終是不敢下令劫持史可法。於是李棲鳳咬牙說聲：「我們走！」兩人便帶兵離去。

看著李棲鳳等人遠去，史德威悲愴難言，對史可法喊聲：「義父！」

史可法微微嘆息，說道：「人各有志，讓他們去吧。」聲音無比蒼涼。

翌日，劉肇基匹馬直奔督師府，一見史可法，劉肇基便悲聲說道：「督師，李棲鳳和高岐鳳煽動胡尚友和韓尚良，四人欲一道出城降清。我們要不要阻止？」

史可法臉色疲倦，慘然一笑，說道：「揚州乃死地，他們選擇降清，是為自己選一條活路，如是阻止，清軍尚未攻城，城裏便生內禍。罷了！罷了！開城讓他們出去。」

劉肇基聞言吃驚，看看旁邊的史德威，後者臉色憂戚，緩緩搖頭。劉肇基內心長嘆，知史可法不欲城內生變，更不欲更多人陪自己喪命，於是雙手重重一拱，轉身出去。

史可法緩緩落坐，看著史德威，淒涼說道：「守禦日單，降者日甚，為父竭盡全力，也是事不可為了！」

四

到了四月二十三日，清軍依舊沒有攻城，揚州城內的氣氛愈來愈緊張，史可法已晝夜無歇，當夜二更時分，傳令召來應廷吉。

應廷吉等守將也衣不解帶地巡城守衛。

史可法神色嚴肅，對接令而來的應廷吉說道：「廷吉，這幾日我仔細思考，揚州無法守住，但揚州失守未必南京失守，如今投降者眾，天子依然需要後續力量。我命你今夜縋城，移泗州銀兩二十萬，軍械火藥十萬並糧米，由你召集保管這些軍需的諸將。記住，非君至不可動！你陸續轉運，以濟緩急。」

應廷吉吃驚道：「廷吉願隨督師守城。」

史可法像是沒有聽到應廷吉的話，搖手說道：「此事甚大，你趁夜出城。南門之守，你速交施鳳儀代之。」

應廷吉看著史可法眼神堅定，雙手一拱，深深彎腰，說道：「督師保重！」這句話說完，應廷吉雙目流淚，他知道這是與督師最後的道別了。

第二天夜間，清軍的攻勢驟起，揚州各門外喊殺聲震天，史可法親在西城樓督率守城。各處城門的守軍都不多，幸好揚州城高牆厚，清軍一時難以攻克。

就在攻勢如潮、守勢如磐的當口，幾乎所有攻守之人都看見，半空中一發砲彈破空飛來。

「紅夷大砲！」不少守軍驚呼。

清軍從泗州運來的紅夷大砲終於來到了戰場，一發十斤四兩重的砲彈隨著膛口的烈焰噴湧，破空飛出，震耳欲聾的砲聲瞬間蓋過了城頭的廝殺喊叫。整座揚州甚至靜止了數秒，只有砲彈飛行的「嗚嗚」聲打破瞬間的寂靜。轉眼間，砲彈飛至揚州知府大堂，落地爆炸，整個知府堂霎時間損毀半邊。

一彈之威如此，爆炸範圍內的軍民被炸得血肉橫飛。驚惶是最易傳染的情緒，揚州城幾乎在瞬間就被恐怖籠罩。

坐鎮西城樓的史可法聞報時，清軍的圍攻已達到極點，無數的喊殺聲吶徹寰宇，猶如蟻群的清軍密密麻麻地四面圍攻，西北角的兵士尤其密集。

史可法也推出守城大砲，朝下轟擊，清軍攻勢正猛，第一發砲彈擊斃清軍近百人。以雙方轟擊效果來說，清軍大砲威力更大，但因擊在府邸，傷人不多，明軍的砲彈威力有限，卻是落在人叢中爆炸，擊斃的清軍極眾。但對雙方士氣來說，揚州城內被一發砲彈震懾得渾身發抖，而清軍卻是前赴後繼，完全不顧傷亡。尤其多鐸聞得史可法砲擊，震怒非常，下令再次開砲。這一次，砲彈擊在揚州西城牆上，城牆頓時垮塌大半。

多鐸命軍營吹起進攻號角，垮塌的城牆和堆起的屍首堆積如山，竟形成一條傾斜的坡道。清軍大隊人馬踩屍而上，在無數瘋狂的喊殺聲衝進了揚州城。

殺戮的火焰在城中開始四處彌漫，揚州在火海中一片大亂。

五

史可法眼見城破，心知大勢已去，轉過頭來對著身邊的副總兵莊子固厲聲喝道：

「子固可記得我昨日之言！」

莊子固渾身發抖，說道：「末將記得。」

史可法厲聲道：「此刻便是時候，來！且砍下我頭！」說罷，史可法將脖頸一伸，命莊子固動手。

莊子固如何下得了手？渾身發顫，連腰刀也拔不出來。

史可法知莊子固不忍，便伸手將自己腰間佩劍拔出，更不多言，往頸中抹去。

莊子固與史可法身邊參將許謹兩人奮力抱住史可法。許謹大喊：「督師！督師！留得青山在，不怕沒柴燒啊。督師有用之身，不可如此！」

史可法奮力掙扎，卻掙不脫兩人合抱。此時史德威持劍從外面衝擊，喊道：「義父！……」他還沒說完，見此情形已知究竟，手中劍不覺掉地，拜地哭道：「義父！不可如此！」

史可法怒聲大喊：「威兒！快速速給為父一劍！」

史德威站起身來，擦淚說道：「義父不可如此！如今清軍剛剛入城，我們可趁亂殺出城去。義父，且留有用身，大明豈可沒有義父！孩兒助義父殺出城去。」

三人及樓外數十騎親兵擁住史可法，徑往東門奔去。眼看將到東門，前面無數民眾驚慌跑來，莊子固抓住一人喝道：「東門如何？」

那人臉色大駭，叫道：「清軍進東門了！」說罷，推開莊子固，拔腿便跑。

史德威喝一聲：「往南門去！」眾人轉而向南。

史可法一路大罵，只欲求死，但其兵刃已被史德威拿下，自殺不能，只得被裹挾而走。眼看南門將近，剛剛轉彎，陡然一陣箭雨迎面射來。許謹率先帶隊開路，當胸中箭，只哼得一聲，倒地而亡，他身邊的數十騎幾乎全部中箭倒地。

莊子固見勢不好，奮力催馬往史可法身前一擋，幾支箭透胸而入。

史可法眼淚縱橫，翻身下馬，抱住莊子固，連聲喊道：「子固！子固！」卻哪裏還聽得到回音。

再抬頭時，眼前一隊清軍迎面而來，史可法回頭對史德威說道：「最前者是誰？」

史德威答道：「正是清廷豫親王。」

史可法再深看一眼史德威，說道：「威兒記住為父最後之信，趕緊覓路出城！為父得罵敵而死，足矣！」

說罷，史可法不等史德威反應，扭過馬匹韁繩，奮力一拍，自己拔腿從迎面逃跑的民眾間穿過，直朝清軍奔去。史德威被逃來的民眾裹脅，不得脫身，想起史可法剛才之言，不覺愴然，幾次回馬，卻終被難民衝擊，掉下馬來，轉眼便被無數隻腳踏過。

六

史可法見清軍已近，伸臂大聲喝道：「我乃史可法！快帶我到你們王爺那裏！」迎面而來的清軍突見一身著官服之人威嚴站立，稱自己是史可法，無不驚訝。這隊清軍首領張鷹越眾而出，走到史可法面前，驚訝地說道：「閣下是史督師？」

史可法怒聲喝道：「正是史某！」

張鷹意外中不覺大喜，擒獲史可法，自己便是立下了頭功。但見對方威嚴，不禁心生敬意，不敢叫人上前綁縛，說道：「既是史督師，請隨我去見豫親王。」

史可法傲然抬頭，大步走向前，面前的清軍為史可法氣勢所懾，讓開道路。

南樓城上，眾兵將簇擁的正是清廷豫親王多鐸。

聞得史可法被執，多鐸哈哈大笑，看著張鷹等人將史可法一步步帶上城樓，笑聲陡斂，陰沉沉地注視這位天下聞名的大明兵部尚書。

史可法走到多鐸面前，冷冷地凝視對方。多鐸眉頭一皺，說道：「閣下果然是史督師？」

史可法下頷微抬，傲然說道：「本督到此，便是要死得明白，如何會是假的？」

多鐸聞言，見其渾然不懼，暗起敬意，對身邊人說道：「還不快給史督師讓座？」

一旁將領即刻拉來一把座椅，讓史可法坐下。

多鐸在史可法身邊落坐，開口說道：「這幾日，本王累次致函，督師不從。如今督師為大明也算得上盡忠了，臣子本分已盡。素聞督師愛民如子，可否為本王收拾江南？」

史可法聞言大怒，一拍椅腕，厲聲說道：「史某身為朝廷大臣，豈肯偷生降敵，受萬世罵名！本督頭可斷，身不可辱，今日被擒，只求速死，從先帝於地下。」

多鐸懇聲說道：「督師為國已鞠躬盡瘁，只要先生投降，本王擔保終生有享受不盡的榮華富貴，洪承疇不就被我朝重用？」

史可法聞言更怒，霍地站起，併起手指，指向多鐸說道：「洪賊受先帝厚恩，不思為報，要史某步其不忠不義的後塵，王爺只怕妄想了！」

多鐸眼光倏然一冷，起身拔出腰刀，作勢欲劈。

史可法不退反進，迎刃而去。多鐸大笑收手，見其神色凜然，不禁斂笑說道：「生死不懼，好男兒！」

他將腰刀插入刀鞘，說道：「本王一路南來，從未見過督師這樣的忠臣。好！本王今日就成全先生的忠義之名。」

史可法雙手往後一背，提聲說道：「城亡與亡，我意已決，便是碎屍萬段也甘之如飴，揚州百萬生民，不可殺戮！」

多鐸不荅，側頭對張鷹說道：「帶下去，成全他！」

看著史可法挺腰走下樓城，多鐸不由對史可法背影頷首說道：「朱明忠臣太少，終於見得一個，本王敬之！」說完這句話，他又看向全城，揚州城內仍是殺聲一片，火光衝向黑沉沉的夜幕，彷彿要把天空燒出一個難以填補的巨大窟窿。

史可法英勇不屈，慷慨就義。

梅花嶺上

一

兩個月後，揚州仍是一座名副其實的死城，此時的江南已經隨著揚州的失守而天翻地覆。

多鐸屠城之後，繼續揮師南下，明朝最後依恃的長江天險在五月九日失守。弘光帝及馬士英在驚恐中於十日夜間撇下臣民，祕密逃離南京，留在都城的大臣們無人想要堅守，以東林黨領袖錢謙益為首的官員豎起降旗，至城郊迎接多鐸，南京落入清軍之手。弘光帝一路顛簸，逃至蕪湖黃得功軍中。

黃得功雖不遵史可法號令，卻忠於弘光帝，在戰場上手臂受傷之際，以布帛纏住傷臂，另一手執刀，率麾下八位總兵迎敵。不料清軍先鋒竟是投降的劉良佐，面對劉良佐的勸降，黃得功厲聲怒罵，便在此時，對方一支冷箭射中黃得功咽喉左邊。黃得功知已是難有作為，當即扔刀拔箭，反過箭尖，刺喉自盡。其部將田雄背起弘光帝，忍住弘光帝張口猛咬後頸的流血疼痛，一路背到清營，將方坐龍椅一年的弘光帝獻給清軍。史可法拚全力保衛的弘光朝就此土崩瓦解。

對彼時的揚州來說，一切都似乎隨著史可法的就義而全部結束。

城破之時，守護北門的劉肇基率四百人巷戰，格殺數百清軍，無奈清軍愈來愈多，劉肇基終於死在亂軍之中，其部下無一生還。任民育穿上朝服，端坐知府大堂，凜然不降，受刃而死，家人無論男女盡投井而死。忠貫營首領何剛、庶吉士吳爾壎也投井殉國。此外，同知曲從直、王纘爵，江都知縣周志畏、羅伏龍，兩淮鹽運使楊振熙，監餉知縣吳道正，江都縣丞王志端，賞功副將汪思誠，從禮賢館選拔出的幕客盧渭等盡皆死難。

而多鐸的一聲令下，清軍在揚州屠戮十日，揚州死難者達八十萬之眾。滿街屍首無人收拾，乃至在六月暑天之後，滿城盡是屍臭。

這日，衣衫襤褸的史德威在滿街屍首中踉蹌而行，四處尋找史可法的屍身。史可法就義之時，史德威被難民撞落馬下，醒來之時，想起史可法遺書在懷，情知自己不能就死，尋到旌忠寺，藏好義父遺書，到南樓城下，親見史可法在怒斥多鐸後就刑。史德威淚水難抑，卻終於逃出揚州，藏身於野。

聽得揚州遭遇十日之屠，史德威更是不敢即刻返城，在飄零兩月之後，終於在六月再入揚州。

史德威先去南樓城尋找義父屍體，沒有找到，索性全城尋找。滿城屍首在暑天蒸變，哪裏還能辨識？史德威在不可止住的淚水中尋到旌忠寺，寺內也是屍首遍地，他找到當日存放的義父遺書，泣聲說道：「孩兒不負所託，今日便將義父遺書帶往南京，獻給太夫人。」

此時的史德威不再是明朝之將，而是貨真價實的難民。渡江後進入南京，見城內清廷旗幟飄揚，忍住眼淚，終於在四處尋訪中找到隱居的史可法母親，當即跪倒，將史可法遺書雙手呈上。

史可法母親與妻楊氏見到遺書，不禁放聲大哭，展讀完畢，方知史可法已將史德威收為義子。史母將史可法衣冠取出，交給史德威說道：「此乃你義父衣冠，葬在太祖高皇帝之側的遺願是不能了，就將其衣冠葬於梅花嶺吧。」說罷，又不禁再次痛哭。

史德威跪在地上，雙手接過史可法衣冠，叩頭說道：「孩兒一定遵從祖母心願。」

二

此時弘光朝雖亡，但明朝唐王朱聿鍵由安南伯鄭芝龍迎入福州，登基稱帝，改稱隆武元年。史德威聽到消息，極欲前往福州投奔，卻見史可法母親年事已高，不忍離去。到第二年時，史德威看看清明已近，再也無法忍耐，當下拜別史母和楊氏，帶上史可法衣冠，再次渡江前往揚州。

揚州城此刻不再是去年所見模樣，城頭所見，遍插大清旗幟。史德威心中慘痛，也不入城，徑直取道城北天寧門外的梅花嶺。

其時細雨霏霏，正是清明後的一日，史德威走到嶺上。梅花嶺是萬曆年間的揚州太守吳秀在浚河之後，積土成丘，嶺上梅樹遍植。只是此刻梅花未開，史德威手撫梅樹，暗想梅花與松、竹並稱「歲寒三友」，若加上菊花，又稱「四君子」，回思此生遇到之人，真是除了義父，再無他人之品格能與梅花之義相配了。想到此處，史德威內心忽然沒有了痛入心肺的悲傷，倒是為義父終能魂歸梅嶺而湧上了一絲酸楚的安慰。

他將史可法衣冠埋入地下，又將所製墓碑豎於塚前。

想起自己找到石匠製碑之時，那石匠在石上鑿出「明大司馬史公之墓」八字之後，竟眼中流淚，堅持不取分文。

史德威恭敬地跪在碑前，嘴裏喃喃說道：「義父在天之靈可見，孩兒終於完成義父遺願，義父可以安息了。」還有些話，史德威卻是不忍再說。

史可法一生為國，史德威如何能告訴他，弘光朝已潰，今日的隆武帝也被鄭芝龍、鄭鴻逵兄弟架空為傀儡。更難以置信的是，浙東魯王朱以海竟也在紹興出任監國，在清軍席捲江南之際，紹興與福州為爭奪皇統，不惜大動干戈。大明江山逐漸雨打風吹去，改朝換代已成定數。若說出這些，義父在地下豈非也不得安寧？

史德威咽下已湧到喉頭的悲訴，久久看著碑石。此時黃昏將盡，細雨早停，殘留的夕陽照在粗糙的碑石之上，每個凹凸處閃射出點點光芒，直如一朵朵細碎的金色梅花。

梅花嶺上，史德威為史可法立衣冠塚。

史可法生平簡表

一五九二年（明神宗萬曆二十年）
豐城秀吉侵略朝鮮。

一五九七年（萬曆二十五年）
日軍再侵朝鮮。

一五九八年（萬曆二十六年）
明軍出兵援朝。豐臣秀吉逝世，日軍撤回。

一六〇一年（萬曆二十九年）
義大利人利瑪竇到北京。

一六〇一年（明神宗萬曆二十九年）
史可法出生。父，史從質；母，尹氏。

一六〇三年（萬曆三十一年）

征夷大將軍德川家康於江戶設幕府，號令全國，日本江戶時代開始。

「童貞女王」伊莉莎白一世卒，都鐸王朝絕。蘇格蘭國王詹姆士六世繼承英格蘭及愛爾蘭王位，稱詹姆士一世，開啟斯圖亞特王朝。

一六一三年（萬曆四十一年）

米哈伊爾·羅曼諾夫當選俄國沙皇，是羅曼諾夫王朝的開創者。羅曼諾夫王朝是俄國歷史上最強盛的王朝，使俄國由東歐一個閉塞的小國擴展為世界的強國。

一六一六年（萬曆四十四年）

《牡丹亭》作者湯顯祖歿。

愛新覺羅努爾哈赤建立後金。

藏傳佛教竺巴噶舉派僧人阿旺・納姆伽爾建立不丹王國。

莎士比亞、塞萬提斯卒。

一六一八年（萬曆四十六年）

建州左衛都督努爾哈赤以「七大恨」誓師，宣布脫離明朝統治。

歐洲三十年戰爭（哈布斯堡王位繼承戰爭）爆發。

一六一九年（萬曆四十七年）

明後金薩爾滸之戰。

荷蘭東印度公司佔領爪哇，建立巴達維亞城。

一六二四年（熹宗天啟四年）

荷蘭人築熱蘭遮城。

一六二五年（天啟五年）

後金從遼陽遷都瀋陽，改名盛京，開始建造瀋陽皇宮。

冤殺熊廷弼，傳首九邊。

一六二六年（天啟六年）

努爾哈赤死，第八子皇太極嗣，是為太宗文皇帝。

西班牙登陸雞籠。

一六三〇年（思宗崇禎三年）

六月，張獻忠起事。

崇禎皇帝誤信金之反間計殺袁崇煥。

德國天文學家克卜勒逝世。

一六三三年（崇禎六年）

明朝與荷蘭發生海戰，水師提督鄭芝龍於福建大敗荷軍新式艦隊。

徐光啟歿。晚年編纂集中國古代農學之大成的《農政全書》。

一六三五年（崇禎八年）

日本幕府將軍德川家康下鎖國令，此後兩百一十九年為鎖國時期，日本與世界關係斷絕。

一六三六年（崇禎九年）

皇太極即位，改國號為清，是為清太宗。

哥薩克軍隊到達鄂霍次克海，俄國征服了西伯利亞全境。

荷蘭烏特勒支大學成立。

美國哈佛大學成立。

一六三七年（崇禎十年）

宋應星《天工開物》刊行。

笛卡兒創建解析幾何。

英格蘭王國查理一世派遣威德爾率領五艘商船在八月八日到達虎門，提出貿易要求，唯被明朝拒絕，引發了中國和英國第一次軍事衝突。

一六三八年（崇禎十一年）

清軍趨涿州，孫承宗率領全家子孫拒守高陽城，城破，一家四十餘口皆壯烈戰死；盧象昇率五千殘卒，在鉅鹿與清軍激戰中力戰死，全軍覆沒。

一六四〇年（崇禎十三年）

張獻忠入四川，李自成入河南。

葡萄牙脫離西班牙哈布斯堡王朝統治。

一六四一年（崇禎十四年）

荷蘭趕走西班牙人佔領台灣。

一六四二年（崇禎十五年）

法王路易十四即位，年僅五歲。

一六四四年（崇禎十七年，清世祖順治元年）

李自成入北京。崇禎皇帝朱由檢於北京煤山（今景山）自縊身亡。

五月清軍入北京。

一六四五年（南明安宗弘光元年；紹宗隆武元年；順治二年）

三月，多鐸率清軍開始侵略江南，在南京的南明政權逐漸崩潰，江南抗清義軍紛起。

五月，揚州十日，揚州平民遭到清軍大屠殺。

六月，多鐸率清軍至南京，南明禮部尚書錢謙益等迎降。清朝頒發剃髮令。

七月，李自成軍事失敗，大順政權覆滅。

八月（閏六月），南明唐王朱聿鍵在福州稱帝。

嘉興府被屠城，全部居民被屠殺。

八九月，嘉定三屠，嘉定平民死亡兩萬餘人。

十月，清軍攻占江陰，屠全城，死難者甚眾。

一六四三年（明思宗崇禎十六年）

史可法官拜南京兵部尚書、參贊機務。

一六四四年（崇禎十七年，清世祖順治元年）

四月，史可法渡江，擬北上勤王，得崇禎死訊，返南京。

五月，福王登基。史可法於二十日渡江督師。

六月，高傑攻揚州，史可法入高傑營中。同月，開府揚州，設禮賢館。

一六四五年（南明安宗弘光元年；紹宗隆武元年；清聖祖順治二年）

正月，命高傑北征。高傑死於睢州之變。史可法痛惜中原無望。

二月，史可法返揚州，義斥黃得功圍城。盧九德傳旨，黃得功退軍。

四月，清軍南下，左良玉起兵「清君側」，史可法奉旨勤王，至燕子磯，隨後赴天長。盱眙守軍降清，史可法返揚州堅守。

二十四日，多鐸破揚州，史可法被俘就義。

一六四六年（隆武二年，清順治三年）

大清帝國鰲拜出征四川張獻忠大西軍，在南充大破大西軍軍營，將領愛新覺羅・豪格於西充鳳凰山射殺明末農民起事領袖張獻忠。

一六四八年（紹宗永曆二年，順治五年）威斯特伐利亞和約簽定，三十年戰爭結束。明斯特和約簽定，荷蘭脫離西班牙而獨立。

嗨！有趣的故事

史可法

責任編輯：苗　龍
裝幀設計：盧穎作
著　　者：胡　輝

出　　版：中華教育
　　　　　香港北角英皇道 499 號北角工業大廈一樓 B
電　　話：(852) 2137 2338
傳　　真：(852) 2713 8202
電子郵件：info@chunghwabook.com.hk
網　　址：http://www.chunghwabook.com.hk

發　　行：香港聯合書刊物流有限公司
　　　　　香港新界荃灣德士古道 220-248 號荃灣工業中心 16 樓
電　　話：(852) 2150 2100
傳　　真：(852) 2407 3062
電子郵件：info@suplogistics.com.hk

版　　次：2022 年 10 月初版

規　　格：16 開（210mm × 148mm）
I S B N：978-988-8807-17-8

本書繁體中文版由中華書局授權出版

Hi! Story